... fast wie im Paradies

Der Autor:
Wolf Hamm unterrichtete Deutsch und Geschichte an zwei Gymnasien in Flensburg, Pädagogik an der Universität in Kiel, Deutsch als Fremdsprache in Kopenhagen und beim Goetheinstitut und leitete die Gymnasiallehrerausbildung in Rostock. Er hat Romane und Kurzgeschichten veröffentlicht.

Die Illustratorin:
Thyra Thorn malt und zeichnet seit ihrer Kindheit. Zurzeit der „Jungen Wilden“ studierte sie in Westberlin u.a. Kunstgeschichte. Seit den frühen 80ger Jahren stellt sie in Einzel- und Gemeinschaftsausstellungen im In- und Ausland aus. Zunächst der Abstraktion verbunden, wurden ihre Bilder im Laufe der Jahre immer figurativer.

Wolf Hamm

... fast wie im Paradies

Thyra Thorn

Illustrationen

PänK Verlag

Mehr über unsere Autoren und Bücher:
www.paenk-verlag.de

Die Deutsche Nationalbibliothek verzeichnet diese Publikation in der Deutschen Nationalbibliografie: detaillierte bibliographische Daten sind im Internet über http://dnb.dnb.de abrufbar.

PänK Verlag UG, Lehenweg 8a, 93073 Neutraubling
info@paenk-verlag.de / www.paenk-verlag.de

1. Auflage 2023

Zeichnungen: Thyra Thorn
Umschlag: Thyra Thorn
Druck: Libri Plureos GmbH, Friedensallee 273, 22763 Hamburg

ISBN: 978-3-949035-08-1

Inhalt

Aufeld
Gr.
Gr.
92
92
482,8
290,8
269,5
Zaun
Heckenzaun
Garten
T.T.22

Aufeld – ein Ort der Lebenskunst

Herzlich willkommen in Aufeld!

Als Bürgermeister dieser Stadt freue ich mich über Ihr Interesse an unserer lebendigen Gemeinschaft.

Aufeld ist ein Lebensort mit einem besonderen Charakter. Die hügelige Landschaft fördert eine geruhsame, naturnahe Lebensweise. Sie bildet das Fundament für ein erfolgreiches Arbeiten und ein harmonisches Familienleben.

Eine Schifffahrt auf der reißenden Monau, vorbei an gefährlichen Strudeln und Felsen, weckt ein Gefühl von Abenteuer. Ein kleiner Stausee lockt zum Baden und Rudern. Der Waldwipfelweg auf dem Feldberg ermöglicht atemberaubende Blicke in die Umgebung.

Aus der Zeit der Gründung des Ortes um 1200 stammen die mächtigen Burgmauern, in deren Mitte ein modernes, voll digitalisiertes Rathaus an der Stelle der alten Burg steht.

Traditionspflege und Modernität kennzeichnen die Einkaufsmöglichkeiten. Der bargeldlose Supermarkt mit Lieferservice ergänzt die Angebote der kleinen Fachgeschäfte.

Für hundert Flüchtlingskinder veranstaltet die Stadt jährlich einen dreiwöchigen, kostenlosen Deutsch-Sprachferienkurs.

Das „Aufelder Kleeblatt“ ist ein „Muss“ für jeden Besucher: der Vogelpark, die Krippensammlung im Museum und die gotische Annenkirche der Gebrüder Asam. Wenn Sie dort einige Zeit verweilen, wird aus dem dreiblättrigen ein vierblättriges Glückskleeblatt, denn in Aufeld lebt man fast wie im Paradies.

Martin Berger
Bürgermeister

Donnerstag, 3. Juni

Tobias

Keuchend zog die „spinnerte Lily“, eine ehemalige Kindergärtnerin, ihren Bollerwagen über den Spielplatz im Stadtpark von Aufeld. Ein Besen ragte aus dem Wagen wie der mahnende Dürrfinger des Todes. Zwei Kinderfüße und - arme hingen über die Seitenwände und wippten im Rhythmus der Pflastersteine auf und ab.
Vorbei an Hängebrücken, Klettergerüsten, einer Rutsche, drei Schaukeln, einem Sandkasten und Sitzbänken polterte ihr Gefährt in Richtung Hauptstraße. Nach der Gedenktafel am Eingang zum Spielplatz mit der Inschrift

Unseren Kindern zur
Freude
Martin Berger, Bürgermeister

kam die sechzigjährige Frau wegen des glatten Asphalts leichter voran.
Sie patschte in die Pfützen, die ein kurzes Gewitter hinterlassen hatte. Die Nässe in den Schuhen kümmerte sie nicht. Es ging um Leben und Tod. Sie überquerte die leere Hauptstraße und schlug die Richtung zu ihrem Häuschen am Stadtrand ein. Ununterbrochen murmelte sie vor sich hin: „Ich muss ihn retten!“
Der leidenschaftliche Pickup-Fahrer und Inhaber eines Ladens für Haussicherheit, Siegfried Brenneisen, mit dreiundvierzig Jahren immer noch den jugendlichen Schönling spielend, kam aus der Poststelle und wollte zu seinem Ford Ranger gehen: „Hallo, spinnerte Lily, die Welt wird immer dreckiger. Putz nur fleißig. Geht’s gut?“
„Nein, ich hab‘ einen gefunden. Auf dem Spielplatz. Ich muss ihn retten.“
Brenneisen schaute in das Gefährt: „Um Himmels willen. Das ist ja Tobias, der Sohn des Bürgermeisters.“
„Weiß ich, weiß ich doch.“
Er fühlte den Puls des Jungen und bemerkte die Kälte seiner

Glieder.
„Wo hast du ihn gefunden?"
„Aufm Spielplatz, ganz hinten bei den Büschen mit dem Sandkasten. Wir müssen weiter. Bei mir daheim wird er gesund."
„Nein, Lily, wir holen den Doktor."
„Nein, der Junge kommt zu mir", geiferte sie und wollte weiterziehen. Brenneisen hielt sie mit sanfter Gewalt zurück. Er rief über sein Handy die gegenüberliegende Arztpraxis von Doktor Malte Gränkel an. Dieser war schnell zur Stelle.
Leutselig begrüßte er Lily: „Na, Lily, was hast du denn im Wagen?"
„Den Tobias, der ist krank worden. Den muss ich pflegen."
„Natürlich! Das ist gut von dir. Aber zuerst muss ihn ein Doktor untersuchen. Dann kannst du ihn pflegen. Das kannst du gut."
„Kann ich gut, Doktor, kann ich gut!", echote sie.
Ein Blick des Doktors auf den Jungen und das Pulsmessen genügten ihm, den Tod festzustellen.
„Ja, Lily, gehen wir in meine Praxis. Dann sehen wir weiter."
Einen Moment lang überlegte sie, nickte Zustimmung und schlug mit ihrem Wagen den Weg zum Haus des Doktors ein.
Dort trugen die beiden Männer den Jungen in das Sprechzimmer und hievten ihn auf eine Liege.
Nachdem der Doktor die Untersuchung der Leiche abgeschlossen hatte, rief er die Kriminalkommissarin Yvonne Altschäffel an, sie möge kommen, er habe hier eine Leiche mit ungeklärter Todesursache. Nach kurzer Zeit erschien die Kriminalkommissarin Yvonne Altschäffel, leidenschaftliche Radlerin, die sie war, nach der Fahrradtour etwas außer Atem, in der Praxis.
Nach der Begrüßung teilte ihr der Doktor mit, dass er keine Todesursache finden könne. Sichtlich erschüttert schaute sie den Jungen an.

„Das ist ja furchtbar, dieser nette Junge. Die armen Eltern. Keine äußeren Verletzungen?"
„Keine."
„Was ist das für ein Fleck unterhalb des Nabels?"
„Das ist ein Muttermal."
„Hat er sonst noch besondere Kennzeichen?"
„Ich kenne den Jungen seit seiner Geburt vor zehn Jahren. Er war selten krank."
„Wenn Sie nichts feststellen können, kommt er in die Gerichtsmedizin. Ich informiere die Kollegen gleich."

Der Drache

Die vierundvierzig Jahre alte Yvonne Altschäffel sorgte als Kriminalpolizistin für die körperliche Unversehrtheit und den Schutz des Eigentums der Bevölkerung von Aufeld und einiger Nachbargemeinden. Routinearbeit: Diebstähle, Einbrüche, Raufereien, Nachbarschaftsstreitigkeiten, verbotene Glücksspiele, Betrug, Mobbing. Die Kriminalitätsrate bewegte sich im deutschlandweiten Vergleich auf niederer Stufe.

„Wann könnte er gestorben sein?“, fragte Altschäffel den Arzt.

„So vor fünf bis sechs Stunden, ungefähr.“

„Jetzt ist es drei Uhr. Also um neun oder zehn Uhr.“
Lily schlurfte aus ihrer Ecke, in der sie während der Untersuchung der Leiche gesessen war, zu Altschäffel und flüsterte, sich ängstlich umschauend: „Ich hab‘ ihn gesehen!“
„Wen?“, fragte die Kommissarin.
„Den Teufel!“
„Aber, aber, Teufel gibt es nicht!“
„Geredet hat er mit mir! Einen langen Schwanz hat er gehabt. Wie Fafnir!“
„Fafnir?“
„Gold! Gold!“
„Was Gold, Gold? Red‘ anständig“, ermahnte sie der Arzt.
„Alle, alle ersticken am Gold, das sagt die Norn.“
Kreischend machte die alte Frau einige Tanzschritte und sang dazu: „Gold und Geld, Gold und Geld, Gold und Geld!“ Dann sank sie auf das Sofa.
„Der Tobias ...“, sagte der Arzt zögernd zur Kommissarin: „Ich kannte ihn gut. Für seine zehn Jahre war sehr reif, vielleicht sogar hochbegabt.“
Altschäffel wandte sich an Lily. „Es muss ein Schock für Sie gewesen sein, Frau Unfried.“
Alle duzten die alte Frau. Das tat Altschäffel nicht.
Lily nickte heftig mit dem Kopf: „Ich will ihn retten. Ich will ihn retten!“
„Das ist wunderbar von Ihnen. Aber es ist zu spät.“
„Tot?“
„Leider.“
„Das Gold hat ihn umgebracht. Fafnir hat ihn mit dem Schwanz erschlagen. Fafnir umarmt noch viele Menschen. O weh! Was wird noch passieren? Weg, Fafnir, weg! Herr Jesus, hilf!“
Mit ihren Armen schlug Lily um sich, als würde sie Vögel verscheuchen.
„Wer ist Fafnir?“, fragte Altschäffel, bekam aber keine Antwort.

Lily faltete die Hände wie zum Gebet: „So ist er gelegen. Im Gebüsch, hinten, im Stadtpark. Beim Sandkasten. Am Goldbach. Fafnir steckte in der rechten Hand." Sie holte eine Anstecknadel aus einer Rocktasche und gab sie Altschäffel, die das Gebilde genau betrachtete. Blutspuren? Beschädigt? Circa zwei Zentimeter breit, ein Zentimeter hoch. Die Figur zeigte ein geflügeltes Wesen mit weit aufgerissenem Maul, dessen scharfe Zähne Angst einjagen konnten. Doktor Gränkel fand die Einstichstelle der Anstecknadel in der rechten Hand. Was sollte das? Eine Begleitfigur für das Jenseits wie bei den Ägyptern? Ein Zeichen einer Sekte? Nur kurz spekulierten der Arzt und die Kriminalkommissarin über die Bedeutung der Nadel, die wohl bewusst als Zeichen eingesetzt worden war. Altschäffel sicherte das Beweisstück in einem Plastiktütchen.

„Ist er wirklich tot?"

„Ja, Lily", warf der Doktor ein, „Tobias ist tot."

Lily starrte ins Leere.

Nach einer Pause fragte Altschäffel: „Frau Unfried, was haben Sie dort noch gesehen?"

Da keine Reaktion erfolgte, setzte sich Altschäffel neben sie.

„Frau Unfried, hören Sie mich?"

Die alte Frau antwortete nicht.

„Frau Unfried, was ...?"

„Hören Sie auf, Frau Altschäffel. Sie ist nicht vernehmungsfähig", ermahnte der Arzt die Polizistin.

„Aber ich muss doch ...!"

„Nichts! Sie kommt jetzt nach Hause. Morgen vielleicht."

Altschäffel respektierte die Entscheidung des Arztes, der das Schicksal Lilys in Erinnerung rief: „Das ist Lilys altes Leiden. Dreißig Jahre ist es her, als sie bei einem Zugunglück stundenlang neben Toten und Sterbenden in einem Wagon eingeklemmt war. Seither säubert sie die Straßen mit dem Besen. Ich glaube, sie möchte die Erinnerung an das schreckliche Ereignis wegfegen. Eine Sisyphusarbeit."

Außerhalb ihres Wahns sei sie eine vernünftige Frau, die Zeitungen lese, auch Bücher. Die gerne einen kleinen Schwatz mit anderen hielte und bei allen Themen gut mitreden könne. So schätzte auch die Polizistin Lily ein.
Der Krankenwagen mit zwei Sanitätern kam.
Doktor Gränkel erklärte: „Sie hat sich schon ein wenig erholt."
„Es geht schon wieder, Doktor. Ich gehe nach Hause", unterbrach ihn Lily.
„Du fährst mit den jungen Männern. In zwei Stunden komme ich zu dir, Abfahrt!"
Nun folgte Lily willig den Anweisungen.
Altschäffel rief die Spurensicherung an und bestellte sie zu dem Sandkasten, sie käme so schnell wie möglich nach.
„Herr Doktor, begleiten Sie mich bitte zum Bürgermeister? Ich muss ihm den Tod seines Sohnes offiziell mitteilen. Das ist nicht einfach."
„Das ist doch klar. Ich bin mit dem Martin befreundet. Gehen wir."
Altschäffel rief im Büro des Bürgermeisters an, um zu fragen, wo sie ihn jetzt treffen könnte. Er befinde sich hier, bekam sie zu hören.
Brenneisen hatte die ganze Zeit still in einer Ecke gestanden und alles beobachtet.
„Sie sind auch noch da?", stellte Altschäffel fest.
„Ich habe ihn schließlich hierhergebracht."

Altschäffel

Nachdem sie die Aufgabe, dem Vater den Tod seines Sohnes mitzuteilen, „Ursache noch unbekannt", hinter sich gebracht hatten, fuhr Altschäffel, trotz des Regens, mit dem Fahrrad zur Spurensicherung zum Spielplatz. Doktor Gränkel begleitete den Vater zu dessen Haus, um die Mutter über den Tod ihres Sohnes zu informieren.

Als Altschäffel am Spielplatz angekommen war und den Sandkasten gefunden hatte, regnete es in Strömen. In Regenhäute eingehüllt begrüßte die kleine Truppe der Spurensicherung die Kommissarin.

„Wir müssen das ganze Areal mit den Büschen dort hinten bis zum Goldbach absuchen", befahl diese.

„Dürfen wir auch schwimmen?", witzelte der Leiter der Truppe.

„Es regnet schon wieder. Da sieht man die Spuren besonders

gut“, fügte ein junger Polizist hinzu.
„Und wo sollen wir suchen? Den Sandkasten umgraben?“
Altschäffel zuckte mit den Schultern.
„Du hättest lieber ein U-Boot statt deines Fahrrads mitbringen sollen“, lästerte der Älteste.
„Fred, hier hat man Tobias Berger gefunden. Tot. Mir ist nicht zum Scherzen zumute.“ Sie holte das Tütchen mit dem Drachen aus einer Hosentasche: „Ach, schick doch diese Anstecknadel zur Untersuchung ins Labor. Sie sollen auch nachforschen, ob in der Bundesrepublik noch irgendwo solche Tiere zu finden sind und was sie bedeuten.“
So sehr die Gruppe auch suchte: Sie fand weder Spuren noch andere Hinweise auf ein Verbrechen. Der Regen hatte wohl manches weggeschwemmt.
Nach zwei Stunden hörten sie auf und fuhren, ohne Hinweise gefunden zu haben, nach Hause. Dort angekommen stieg Altschäffel in ihre Badewanne, um die sich ankündigende Erkältung zu verhindern. Sie ließ den Nachmittag in Gedanken an sich vorüberziehen. Das Mitleid mit dem Jungen und seinen Eltern kam von tief innen. Erinnerungen an die Zeit, als ihre beste Freundin von einem Lastwagen überfahren worden war, tauchten auf. Mit ihren zehn Jahren hatte sie an Seele und Himmel geglaubt. Damals hatte sie mit aller Kraft gebetet, die Seele solle zurückkehren. Das Gefühl von Ohnmacht rief die Wut auf den Tod hervor. Ob Bergers auch so fühlten? Warum war Brenneisen die ganze Zeit geblieben, ohne etwas zu sagen und zu tun? Tot war der Junge. Einfach hingelegt und tot? Mit gefalteten Händen? Und der Drache? Die Reaktion des Vaters auf die Mitteilung, sein Sohn sei aus unbekannten Gründen gestorben:
Er war wie zu Eis gefroren; kein Wort, keine Gesichtsveränderung, keine Bewegung - minutenlang. Nur Schweigen. Dann: „Das ist das Ende.“
„Das Leben geht weiter.“ Dieses billige Trostwort des Doktors hatte ein gezischtes „Nein!“ des Vaters weggewischt.

Selbstmord sei keine Lösung, hatte Doktor Gränkel zu bedenken gegeben. Aber das schien Berger gar nicht gemeint zu haben. Was ein gemurmeltes „Etwas anderes“ bedeuten sollte, war nicht klar geworden.
Mehrmals hatte Altschäffel in die Wanne heißes Wasser einfließen lassen, bis sie sich genügend aufgewärmt fühlte. Nach dem Bad nahm sie eine Pizza Salami aus dem Eisfach und steckte sie in den Backofen. Anschließend genoss sie den italienischen Abend mit einem Glas Rotwein.
Eine tragische Sache, der Tod von Tobias. Sie würde Lily noch verhören und einen Bericht schreiben müssen. Todesursache?
Im Bett las sie „Die Geschichte der Gefühle.“ Nach sieben Seiten schlief sie über dem Buch ein.

Trauer

Nachdem die Mutter die böse Botschaft gehört hatte und der Doktor gegangen war, lebten die Eltern von Tobias in einer Zwischenwelt von „Das-kann-doch-nicht-wahr-sein" und „Das-Leben-ist-zu-Ende!"
Es dauerte eine Weile, bis der Schmerz Herrn Berger voll ergriffen hatte. Ein Sprung vom Glockentürmchen des Rathauses? Sämtliche Tabletten aus dem Medizinschrank schlukken? Mit Vollgas gegen die Wand fahren? Oder in Australien ein neues Leben beginnen? Das alles stürmte durch den Kopf von Martin Berger und machte ihn mutlos. Diesen Tod könne er zu den bestehenden Problemen nicht auch noch ertragen.
Frau Berger lebte noch ganz im vergangenen Leben. „Tobias kommt schon noch."
Dreimal klingelte die Türglocke des neuen Bungalows der Familie Berger unangemessen lang. Der Hausherr öffnete gereizt. Pfarrer Arnoldus Reinemacher von der Pfarrei Sankt Georg stand mit ernster Miene vor der Tür.
„Was wollen Sie?", fuhr Berger den Pfarrer an. „Wir haben jetzt keine Zeit. Guten Tag."
Das Schließen der Tür verhinderte die sanft eindringliche Stimme des Besuchers. „Ich habe gerade erfahren, was geschehen ist. Als Ihr zuständiger Pfarrer möchte ich Ihnen und Ihrer Frau Gemahlin mein tief empfundenes Mitleid ausdrücken."
„Danke."
„Ich bete zu Gott um die Kraft, die Sie für die schwere Zeit brauchen werden." Er sei hier, um eine würdige Beerdigung

zu planen.
„Wir haben vor zwei Stunden erfahren, dass unser Sohn gestorben ist. Wir wollen jetzt allein sein. Verstehen Sie das bitte."
„Aber, aber ..." Der Pfarrer versuchte nochmals, ins Gespräch zu kommen: „Weiß man denn schon, woran Ihr Sohn gestorben ist?"
„Nein!"
„War es ein Unfall? Man munkelt in der Stadt schon so einiges."
„Lassen Sie uns in Ruhe. Was wollen Sie denn?"
„Es soll doch eine würdevolle Beerdigung werden. Deshalb bin ich da."
„Na, gut, dann kommen Sie herein."
Mit gestelzt vorsichtigen Schritten folgte der Pfarrer dem Bürgermeister ins Wohnzimmer, wo er Frau Berger kondolierte.
Der Bürgermeister erklärte genervt, er wolle eine öffentliche Beerdigung haben. Er wolle sich nicht in eine Beerdigung in aller Stille flüchten, sondern sich zu der Trauer bekennen und bei seinen Mitbürgern das Bewusstsein zu schärfen, dass jeder nicht nur für sein Wohl, sondern auch für das der Gemeinschaft verantwortlich ist.
„Die Trauerfeier soll das Gefühl von Solidarität und von Gemeinschaft gerade in so einem Fall stärken."
Bald waren die Formalitäten geklärt, und der Pfarrer verabschiedete sich wortreich: „Prüfung Gottes ... Wen Gott liebt ... Mein Mitleid gehört Ihnen ... Tobias ist jetzt ein Engel und wird uns vom Himmel aus trösten."
Da kamen dem Vater die Tränen. Die Mutter rief dem enteilenden Geistlichen nach: „Zum Abendessen ist er wieder da."
Schnell schloss der Vater die Tür: „Tobias ist doch tot!"
„Was sagst du? Er ist nicht tot. Er ist noch in der Schule. Natürlich. Gleich kommt er zum Essen heim. Glaubst du, dass er heute Abend Spaghetti mit Tomatensauce will?"

„Wer?“
„Tobias.“
„Er ist tot.“
„Ja, ich mache Spaghetti.“

Sie ging in die Küche und hantierte lautstark herum, ohne auf ihren Mann zu achten. „Er wird bald kommen, er wird bald kommen“, trällerte sie, während sie den Tisch in der Küche deckte: drei Teller, drei Gläser, drei Löffel und drei

Gabeln. Drei sind wir, wir sind doch drei.

„Essen ist fertig. Wo Tobias nur bleibt?"

Ihr Mann kam in die Küche. „Bernadette, Tobias ist tot. Er kommt nie mehr wieder."

Eigentlich hätte er es schreien wollen; es fehlten ihm die Kräfte dazu. Er setzte sich an den Tisch. Spaghetti, Tobias' Lieblingsessen. Und sah ihn, wie er früher sein Hemd bekleckert hatte, sah ihn mit nacktem Oberkörper am Tisch sitzen, um Flecken zu vermeiden. Sah seine mahlenden Kiefer, seine Begeisterung über das Essen und hörte sein ununterbrochenes Gequassel. Alles schien in der Gegenwart stattzufinden, obwohl es nie mehr so sein würde.

„Nun iss schön, Tobias. Dein Lieblingsessen, ist doch heute ein besonderer Tag!"

Mit steigendem Entsetzen merkte der Bürgermeister, dass seine Frau den Kontakt zur Wirklichkeit verloren hatte. Es schien ihm, dass sie Tobias sah, als säße er lebendig hier am Tisch.

„Hat's geschmeckt? Alles aufgegessen. Ich lese' dir dann noch etwas vor."

Sie ging in das Kinderzimmer, deckte die Bettdecke auf und las das Lieblingsmärchen ihres Sohnes vor: „Der goldene Vogel".

Nach einigen Minuten kam sie zurück. „Tobias schläft. War ein anstrengender Tag. Gehen wir auch ins Bett", forderte ihn die Frau auf.

Wie einen Albtraum erlebte Herr Berger die abendliche Bettgehprozedur. Dauernd beobachtete er sie, ob sie nicht doch zurückgefunden hätte in die Wirklichkeit, zu ihm. Sie jedoch horchte in die Nacht hinaus und hielt jedes Geräusch für ein Zeichen des Kommens ihres Sohnes.

Freitag, 4. Juni

Lily

Am nächsten Morgen traf Altschäffel beim Gang durch die Flure des Rathauses zu ihrem Büro die Friseuse Babette Feuerle. Sie waren zur selben Schule gegangen, hatten in ihrer Kindheit und Jugendzeit nahe beieinander gewohnt und pflegten ein Vertrauensverhältnis als „beste Freundinnen".
„Mensch, Babette, was machst du hier?" Altschäffel umarmte ihre Freundin.
„Ich brauche einen neuen Personalausweis." Babette deutete auf die Büroräume hinter den riesigen Glasscheiben. „Wie kannst du nur in einem solchen Gebäude arbeiten? Wie auf dem Präsentierteller. Da kann man dich jederzeit beobachten."
„Wir sind demokratisch und haben nichts zu verbergen."
„Auch wenn der Bürgermeister Berger heißt." Babette lachte.
„Pfui, Kalauer. Uns ist zurzeit nicht zum Scherzen zumute."
„Glaub ich. Was ist denn mit Tobias Berger? Da hört man viel Geraune."
„Er wurde tot im Gebüsch am Goldbach aufgefunden. Doktor Gränkel konnte keine Todesursache feststellen, also zur Gerichtsmedizin. Du, ich muss noch Lily befragen."
„Also, du hast keine Zeit. Ein emsiges Bienchen warst du schon immer. Summ ab! Aber stich den Richtigen."
Nachdem Altschäffel in ihrem Büro die Post und die E-Mails kontrolliert hatte, begrüßte sie die Kollegen der Verkehrspolizei, die neben ihrem Büro residierten. Die Verkehrspolizei und die Kriminalkommissarin hatten einen Bürokomplex im Erdgeschoss des Rathauses belegt und bildeten eine Verwaltungsgemeinschaft. Altschäffel holte das Fahrrad aus ihrem

Kellerabteil und radelte zu Lily Unfried, die sie sehr respektierte. Wie sie sich mit dem Trauma infolge des Zugunglücks arrangiert hatte, war beachtlich. Jede Therapie hatte sie abgelehnt. Sie wollte die Stadt reinigen und fegte nach dieser Katastrophe Jahr für Jahr und Tag für Tag die Straßen. Alle Bemühungen von Ärzten, Sozialtherapeuten oder Gutmeinenden scheiterten an ihrem Durchsetzungsvermögen: Liebenswürdig war sie, aber unerbittlich ging sie ihren Weg.
Ihre Behausung schmiegte sich an die alte Stadtmauer. Sie war Lily von der Stadtverwaltung zugeteilt worden, nachdem sie sich geweigert hatte, in eine Sozialwohnung zu ziehen. Alles, was sie für das Überleben brauchte, sammelte sie im ehemaligen, umgebauten Pferdestall.
Die alte Frau empfing gut gelaunt die Kriminalpolizistin, als hätte sie gestern das traurige Erlebnis nicht gehabt. Sie führte sie zum Wohnzimmer, dabei durchquerten sie auf einem schmalen Pfad einen weitläufigen Lagerraum. Hier türmten sich die Dinge, die sie auf ihren Säuberungsgängen gesammelt oder geschenkt bekommen hatte: Möbel, Geschirr, Elektrogeräte, Teppiche, Gardinen. Im renovierten Wohnzimmer lagen Haufen von Kindersachen herum: Kleidung, Spielzeug, Möbel, Schulsachen und -hefte, Teile von Spielzeugeisenbahnen wie Schienen, Bahnhofsgebäude, Zinnfiguren, Güterwagen und Hunderte von Sammlerautos.

TANKWAY
T.T.22

„Das alles sind keine toten Dinge. Es sind Dokumente des Lebens eines Menschen. An allen diesen Dingen hängen Leben dran." Sie zeigte auf ein schwarzes Modell: „Dieses Spielzeugauto gehörte in echt dem Binder Max, ein Mercedes 220 SE von 1958. Das Auto war sein Ein und Alles. Bis er Pleite gemacht hat. Da haben sie ihm das Auto weggenommen. Dafür hat er sich dieses Spielzeugmodell gekauft. Jetzt ist er auch schon tot. Alles Erinnerungsstücke. Viele Leute werfen solche Sachen weg. Ich sammle sie. Und die Geschichten dazu. Hier, in so einem Wagon saß ich, als der Unfall geschah ... Ich habe nichts. Also muss ich sammeln, was nichts oder wenig kostet. Alles kann man mal brauchen. Wenn Fafnir kommt mit dem ‚Großen Krieg', der großen Vernichtung, dann hab ich hier mein Auskommen", erklärte sie Altschäffel. „Der große Krieg kommt, wenn sich das Lichtlein am Grab eines Kindes nicht löschen lässt."

Altschäffel setzte sich zwischen einige Kartons mit Kräutern und zerdrückte dabei ein Rathausgebäude der Spielzeugeisenbahnanlage, das unter einer Decke lag.

„O je, das ist schlecht", kommentierte die alte Frau den Vorfall. „Das Rathaus gehörte Martin, dem Bürgermeister. Als Junge hatte er es sich gewünscht, für seine Eisenbahn. Jetzt sitzt er wirklich da drinnen, der Herr Bürgermeister."

Nachdem Lily die Reste in den Abfalleimer geworfen hatte, setzten sie sich auf ein Sofa.

„Frau Unfried, können Sie heute einige Fragen beantworten?"

„Ja, natürlich, fragen Sie nur. Aber vorher ein kleines Likörchen? Selbst gemacht aus meinen Kräuterchen."

„Nein, danke, ich bin im Dienst. Aber Sie können natürlich. Vielleicht erzählen Sie mir, was Sie gestern Nachmittag gemacht haben?"

Lily schenkte sich ein und genoss das Getränk.

„Wie jeden Tag bin ich auf meine Tour gegangen. Um neun Uhr breche ich auf und komme um fünf Uhr zurück. Wissen

Sie, ich muss die Welt einfach putzen. Sie ist so schmutzig. Schmutz ist böse. Ich habe an diesem Tag die Innenstadt geputzt, fast alle Straßen und die Wege im Park. Da hab' ich ihn gesehen. Wie eine Leiche im Schauraum der Friedhofskapelle ist er dagelegen. Mit gefalteten Händen. Und diese Anstecknadel mit einem Drachen stak in der Außenseite der rechten Hand. Fast ganz drinnen. Ich wollte ihn wecken, rief ‚He, du da, aufwachen!', dachte, dass er eingeschlafen ist. Er rührte sich nicht. Da hab' ich ihn in meinen Wagen gehoben und bin losgegangen. Ich dachte, er ist bewusstlos ... Ich wollte ihn retten. Vielleicht hat er noch gelebt."

Sie redete sich in einen Erregungszustand und fing an zu zittern und glasige Augen zu bekommen.

Altschäffel nahm ihre Hände: „Frau Unfried, bleiben Sie ganz ruhig. Sie haben sich gestern vorbildlich verhalten."

„Dagelegen ist er wie in der Kirche."

„Und die Anstecknadel?"

„Die hab' ich herausgezogen und in meine Geldbörse gesteckt. Muss unheimlich wehgetan haben, wenn er noch gelebt hat."

„Frau Unfried, Tobias war schon ein paar Stunden tot. Zeugen wollen gesehen haben, dass ein größeres Auto, verbotenerweise, im Stadtpark gefahren ist."

„Ich war ab zwei Uhr immer in der Nähe des Parks. Zwischen zwei Uhr und drei Uhr begegnete ich dem Bürgermeister. Ja, auch dem Herrn Pfarrer Reinemacher. Dann dem Lehrer Leiderer. Der ist um halb drei vom Radweg hergekommen. Mit dem Fahrrad. Hat erzählt, dass er Aufnahmen gemacht habe von Blumen, für die Biologiestunden. Oder hat er Blumen gepflückt?"

„Nicht doch einen Eierlikör?", schlug sie vor. „Ein kleines Likörchen beseitigt die Beschwördchen."

„Nein, danke. Wem sind Sie noch begegnet?"

„Der Hebamme, der Apothekerin, dem Bankdirektor." Offensichtlich löste der Alkohol die Zunge und regte das Erin-

nerungsvermögen an.
Schnell beendete Altschäffel das Verhör, das unergiebig wurde. „Ich muss nun weiter. Vielen Dank und auf Wiedersehen."
„Fafnir erwacht!", rief ihr die alte Frau nach.

Die Familie Berger

Altschäffel suchte anschließend die Familie Berger auf. Zu Hause, denn er hatte sich krankgemeldet.
Ihr Verhältnis zu ihm? Eigentlich keines. Sie grüßten einander mit Namen und „Wie geht's?"
„Gut, und selbst?"
„Auch gut."
„Bis bald."
„Bis demnächst."
Und zu ihr, seiner Frau?
Sie war nur der Schatten einer Frau. Hätte Mitleid verdient. Als Schönheitskönigin von Aufeld war sie in die Endausscheidung bei „Deutschlands sexiest Girl" des privaten TV-Senders „No fake" gekommen, war aber nur Vorletzte geworden. Das hatte immerhin zum Heiratsantrag des damaligen Stadtkämmerers und jetzigen Bürgermeisters Berger gereicht. Sie hatte sich sehr auf ihr Kind gefreut und war gerne Mutter und Hausfrau. Im städtischen Leben spielte sie als Vorsitzende des Kulturvereins eine gewisse Rolle. Insgeheim hatte sie sich etwas mehr vom Leben erhofft. Ihr Traum: Schauspielerin.
Bergers wohnten am Nibelungenring in einem Luxus-Wohnviertel mit exklusiven Einfamilienhäusern.
Hochherrschaftlich mit Marmor ausgekleidet, vermittelte der Vorraum die Kühle von Reichtum und Vornehmheit, die Altschäffel auf den Lebensstil der Bewohner vorbereitete.
Die Klingel löste ein samtenes Ding-Dong aus.
Der Bürgermeister öffnete die Tür. „Ach, Sie sind es. Kommen Sie herein. Hier entlang, bitte."

Im Wohnzimmer rückte er Altschäffel den schweren Ledersessel zurecht. Auch dieser Raum strahlte großbürgerliche Gediegenheit und Wohlhabenheit aus.
Sie setzten sich. Peinliches Schweigen. Der Vater des toten Jungen schaute düster vor sich hin. Seine Frau kam herein und fragte: „Darf ich Ihnen etwas anbieten? Tee? Kaffee?"
„Nein, danke." Altschäffel äußerte ihr Mitgefühl: „Die Todesursache ist noch nicht geklärt. Nach § 159 der Strafprozessordnung müssen wir ermitteln."
„Was bedeutet das?" Scharf zischte die Stimme des Bürgermeisters die Frage heraus.
Betont langsam und ruhig erläuterte Altschäffel: „Ist die Todesursache ungeklärt, müssen Polizei und Staatsanwaltschaft ein Fremdverschulden ausschließen. Doktor Gränkel konnte eine Todesursache nicht feststellen. Deshalb muss eine Obduktion vorgenommen werden."
„Unsinn, Tobias hatte seit Geburt einen Herzfehler. Wir waren gewarnt worden, dass er jederzeit sterben könnte."
Frau Berger fiel ihm ins Wort: „Wovon redet ihr? Was soll mit Tobias sein? Heute früh ging er zur Schule. Redet keinen Unsinn."
„Lassen Sie es gut sein", wandte sich ihr Mann an die Kommissarin, „meine Frau hat den Tod von Tobias noch nicht verkraftet. Sie meint, Tobias könnte in jeder Minute hereinkommen. Ist wohl der Schock."
„Soll ich später wieder kommen? Damit Sie sich erholen können."
„Nein, nein, ich komme schon zurecht. Achten Sie nicht auf meine Frau. Fragen Sie nur."
„Wie hat Ihr Sohn den gestrigen Tag verbracht?"
„Das kann ich nur so weit beantworten, wie ich es weiß. Er war am Vormittag in der Schule, wahrscheinlich bis halb ein Uhr. In der letzten Stunde hatten sie Religion. Dann wollte er zu Sven Leiderer gehen, um gemeinsam Hausaufgaben zu machen. Er ist – war – der beste Freund von Tobias. Um fünf

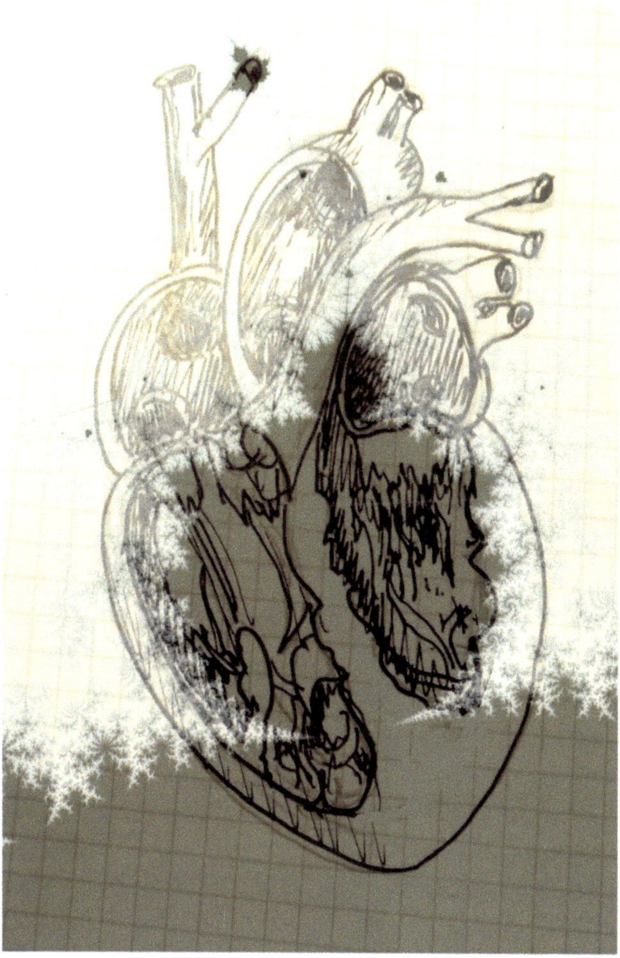

Uhr sollte er dann zu Hause sein. Wir waren noch nicht sehr beunruhigt, als er nicht pünktlich kam, denn er ist manchmal so vertieft in etwas, dass er die Zeit vergisst. Ich sage immer ‚ist': Es muss ab jetzt heißen: War vertieft."

„Soll ich heute Himbeercreme machen? Die mag doch Tobias so gern." Frau Berger stand auf, um in die Küche zu gehen.

„Nein, lass nur. Der Junge ist zu dick. Und wir beide auch." Ein wenig aggressiv klang das.

„Da hast du recht. Wir müssen schlanker werden. Wer ist die

Frau hier?"
„Das ist Frau Kriminalkommissarin Altschäffel."
„Polizei? Bist du wieder zu schnell gefahren?"
„Ja, du weißt ja, immer pressiert es bei mir."
Frau Berger lachte vor sich hin, setzte sich und verfiel wieder in Schweigen.
„Wie verlief der Tag weiter?", fragte Altschäffel.
„Mehr weiß ich nicht. Dann kamen Sie mit dem Doktor."
„Warum kümmert sich die Polizei darum?", mischte sich Frau Berger ins Gespräch.
Altschäffel erklärte nochmal: „Es ist Routine bei ungeklärten Todesfällen. Sie sagten ja, dass ihr Sohn einen Herzfehler hatte. Ob das die wirkliche Todesursache ist, muss geklärt werden."
„Ja, ja. Ich muss jetzt weg."
„Wir sind auch schon fertig. Vielen Dank für Ihre Geduld. Auf Wiedersehen, Frau Berger." Doch die war schon in der Küche verschwunden.
„Sie werden sehen, es war ein Herzinfarkt. Guten Tag."
Laut fiel die Tür ins Schloss.
Altschäffel schaute das Haus genauer an.
„Was verdient so ein Bürgermeister einer kleinen Stadt mit dreißigtausend Einwohnern?", fragte sich Altschäffel angesichts des imponierenden Gebäudes. So viel wie ein Lehrer? Der neue Bungalow, geschätzt dreihundert Quadratmeter Wohnfläche. Der Garten wohl über 2000 Quadratmeter; gärtnergepflegt. „Trotzdem möchte ich nicht mit ihr tauschen", dachte sich Altschäffel und schwang sich auf ihr Rad.

Presse

Altschäffel schrieb einen Bericht über ihre Erkundungen und schickte ihn in die Hauptstadt zu ihrem Vorgesetzten, Herrn Gesslaf Obereiner, Typ: besorgter Vater. Er hatte nur noch wenige Wochen bis zu seiner Pensionierung. Dass Altschäffel alleinverantwortlich war und in den Räumen der Polizeiinspektion im Aufelder Rathaus im eigenen Büro arbeiten konnte, hatte sie ihm zu verdanken. Erstens gebe es nur für eine Person Arbeit und zweitens möchte sie lieber allein bleiben, verteidigte er diese Ausnahme gegenüber der Verwaltung. Da sie keine Schwierigkeiten machte und keine Beschwerden eintrafen, war man zufrieden und ließ alles so laufen, wie es lief. Obereiner hielt sie für eine gute Kriminalpolizistin, die mit Gefühl und Verstand ihre meist nur wenig Aufsehen erregenden Fälle erledigte und klug manches Verbrechen verhinderte.

Das Schreiben von Berichten ordnete Altschäffel den unangenehmen Seiten ihres Berufs zu, den sie wegen des Umgangs mit Menschen mochte, ja liebte.

Ab und an Fingernägel kauend tippte sie Buchstabe um Buchstabe in den Computer. Von der Polizeiwache nebenan hörte sie gedämpftes Murmeln, was ihre Schläfrigkeit verstärkte.

Das Faxgerät weckte sie aus dem Halbschlaf. „Tobias Berger ist vergiftet worden: Der Tod ist zwischen neun und zehn Uhr vormittags eingetreten“, stand in dem Bericht der Gerichtsmedizin. Das Gift bzw. die Stoffe, die den Tod verursacht haben, seien unter dem volkstümlichen Namen „K.-o.-Tropfen“ bekannt. Tobias sei das Gift per Spritze verabreicht worden. Diese Form des „Needle Spikings“ sei neu. Der Betroffene werde willenlos und könne sich an nichts erinnern. Tobias sei eine Überdosis verabreicht worden. Es folgten die Angaben über die Zusammensetzung des Gift-Cocktails. Es sei leicht, an diese Substanzen zu kommen.

Kaum hatte sie die Mitteilung gelesen, da klopfte Doktor Erwin Reger, der Redakteur des Aufelder Anzeigers, an die Tür und trat ein.

„Der Hintereingang war offen. Und ich sah Licht aus Ihrem Büro. Erwarten Sie noch jemanden?“

„Sie sicher nicht, Herr Reger.“

„Ein kleines Schwätzchen zwischen Freunden gefällig?“

Altschäffel sah den Besucher eine kleine Flasche Korn aus der Jackentasche holen und einen Schluck daraus nehmen.

„Sie auch einen Schluck Zauberwasser?“

„Nein, danke, ich brauche meinen Verstand noch!“

„Den habe ich längst versoffen. Auf den Aufelder Anzeiger! Meine Heimat, mein Denken, mein Leben.“

Sein bitterer Sarkasmus überdeckte die Lebensenttäuschung des Journalisten, einst Musterschüler, Elitestudent und Chefredakteur der größten Zeitung des Landes. Sie hieß Elona und hatte zum Ende seiner Karriere geführt. Der Minister, dem er sie ausgespannt hatte, war rachsüchtig und ließ seine Beziehungen spielen, um Reger zu schaden. Auch Elona war nicht mehr da. Trotzdem kam er sich Altschäffel gegenüber weit überlegen vor, weil er das Großstadtleben gewöhnt war und er auf seinem früheren Posten eine bedeutende Rolle in der Politik spielte.

Zwei kräftige Schlucke aus dem Flachmann schienen ihn zu beflügeln.

„Was gibt es Neues, Frau Kriminaldirektorin Altschäffel?“

„Nichts, Herr Reger.“

„Ist doch schön, dass Sie eine so vertrauensvolle Zusammenarbeit mit der Presse pflegen. So offen und ehrlich.“

„Das ist Demokratie wie sie leibt und lebt. Ich muss noch ar-

beiten."
„Das glaube ich. Aber wenn es nichts Neues gibt, was gibt es da zu arbeiten?"
„Bürokratie!"
„Wie sie leibt und lebt! Oder stirbt?" Reger machte eine Pause und schaute sie herausfordernd an: „Ich hätte schon etwas Neues für Sie. Bedeutet aber Arbeit."
Altschäffel lehnte sich zurück, streckte sich und gähnte ungeniert.
„Schießen Sie los!"
„Der Sohn vom Bürgermeister ist ermordet worden."
„Der Kerl wusste das eher als ich", dachte sie sich. „Seine Freunde in der Hauptstadt versorgen ihn immer noch mit Informationen." Man durfte Reger nicht unterschätzen.
„Was sagen Sie dazu?" Reger lachte triumphierend.
„Nachdem ich es gerade erst von Ihnen erfahren habe, nichts. Das muss ich erst dienstlich mitgeteilt bekommen."
„Mensch, Mädchen, seien Sie locker. Ist doch eine Sensation: Ermordet! Hier, in Aufeld. Lesen Sie."
Er überreichte ihr die Titelseite der morgigen Ausgabe des Anzeigers mit der Überschrift: „Ermordet! Tragödie in Aufeld". Dann folgen Spekulationen über die möglichen Motive, angefangen von einem wahnsinnigen Einzeltäter, „der, versteckt in unserer Gemeinschaft, seine Mordlust befriedigt", bis zu einem Familiendrama beim Bürgermeister, „Wer ist Fräulein L.?" und „Die Mafia in Aufeld?"
„Tolle Schreibe, oder?", brüstete sich der Journalist.
„Sie haben pädophil falsch geschrieben. Ä, nicht e. Wie Sie es schreiben, könnte man es mit ‚Fußfetischist' übersetzen."
„Hexe!", zischte er und verließ das Büro.

Schläge

Obwohl es schon beinahe Mitternacht war, rief Altschäffel den Bürgermeister an. Er musste vorgewarnt sein, wenn der Artikel erschien.
Der sträubte sich zuerst gegen ein Treffen, sagte dann aber: „In einer Stunde können Sie kommen. Worum geht es eigentlich?"
„Das möchte ich Ihnen persönlich mitteilen. Ich komme also." Altschäffel legte auf und dachte daran, einen der diensthabenden Verkehrspolizisten mitzunehmen, verzichtete aber darauf. Aufeld ist auch nachts eine brave Stadt. „Eine Dienstwaffe tut es auch!", dachte sie sich.
Als sie nach zwanzig Minuten den Bericht fertig hatte, schwang sie sich auf ihr Fahrrad und radelte gemächlich zum Nibelungenring. Weshalb sollte sie noch warten? Sie wollte schließlich auch ins Bett. „Glaubt der eigentlich, ich bleibe seinetwegen noch länger auf?"
Berger hatte am Telefon merkwürdig geklungen. Hatte hastig geredet, als hätte er Angst, irgendjemand könnte ihn hören. Als wäre jemand im Zimmer gewesen. Er hatte geradezu geflüstert.
Als sie zum Nibelungenring kam, fiel ihr ein Mercedes auf, „Oberklasse", der startbereit in der Einfahrt zur Garage des Hauses von Berger stand. Neben dem Auto zwei Männer in Motorradkleidung mit ihren Maschinen. Plötzlich eilte eine Person aus Bergers Haus. Bevor der Chauffeur die Tür öffnen konnte, saß dieser Herr auf der Rückbank. Mit erstaunlicher Beschleunigung schoss der Wagen davon. „Fast wie auf Sizilien. Der Boss der Bosse", dachte sich Altschäffel. Sie hat-

te die Person nicht erkannt, hatte aber den Eindruck, dass sie sie eigentlich hätte kennen müssen. Es gab nicht viele Menschen in Aufeld, die sich einen Chauffeur leisteten. Und dazu noch zwei Bodyguards, die im Begriff waren, dem Wagen zu folgen, dann aber Altschäffel erblickten.
Der Größere der Motorradfahrer näherte sich ihr, der zweite folgte. Sie bauten sich vor ihr auf.
„Was du mach hier?"
„Sehen Sie doch: Fahrrad fahren."
„Adi, ich gesehen, nur uns beobachtet. Spionin!"
„Paddy, sei still." Adi stellte sich bis auf Tuchfühlung vor Altschäffel hin.
„Du sein wer?", fragte er.
„Ich bin Kriminalkommissarin Altschäffel."
„Und ich Gott sein. Hahaha!"
„Du, Adi, die macht doch Witze?" Paddys Stimme verriet Ängstlichkeit.
„Hier, mein Dienstausweis. Geben Sie mir bitte Ihre Ausweise!", forderte Altschäffel nachdrücklich und scharf.
„Mensch, du sein frech! Ich nix geben Papiere. Du verschwinden."
Er gab Altschäffel einen leichten Schubs. Sie wich zurück.
„Adi, vielleicht ist doch Polizei. Lass Ihr Ruhe", rief Paddy.
Adi packte die Frau an den Schultern. Sie tauchte unter seinen Armen durch, nahm in von hinten in den Schwitzkasten, trat schnell zwei Schritte zurück und brachte ihn damit so aus dem Gleichgewicht, dass er zu Boden plumpste. Den Faustschlag von Paddy parierte sie mit einer Aufwärtsbewegung ihres rechten Armes, während sie ihm mit der linken Faust die Nase in Richtung Gehirn stieß.

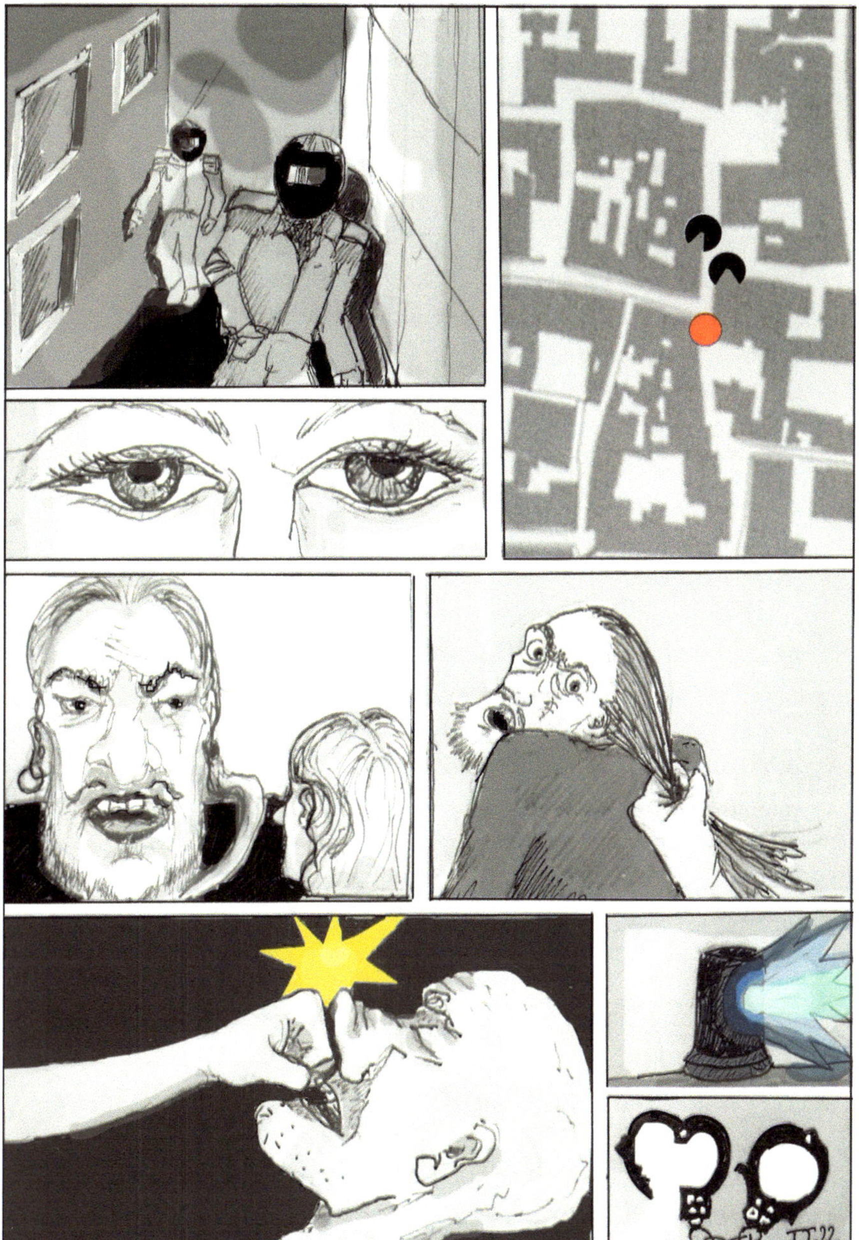
T.T.22

Jetzt hatte Altschäffel Zeit, ihre Dienstpistole zu ziehen und die beiden in Schach zu halten. Sie rief per Handy ihre Kollegen im Rathausgebäude an. Sie möchten zwei gewaltbereite Personen zur Wache mitnehmen. Sie selbst käme später vorbei.
Nach wenigen Minuten waren die Kollegen da, hatten die beiden im Auto verstaut und waren abgefahren.
Nachdem Altschäffel ihre Kleidung zurechtgerückt hatte, klingelte sie an der Tür des Hauses von Berger.
„Ja, was ist los?“, klang die unfreundliche Stimme Bergers aus der Gegensprechanlage.
„Hier ist Altschäffel.“
Nach einem Grunzlaut des Hausbesitzers öffnete sich die Tür.
„Es muss aber wirklich etwas Wichtiges sein, dass Sie mich so spät stören“, begrüßte er übellaunig den ungebetenen Besuch. „Kommen Sie. Aber leise, meine Frau schläft.“ Er führte die Polizistin in das Wohnzimmer und lud sie mit einer Geste ein, auf dem Ledersofa Platz zu nehmen.
„Sie hatten Besuch?“, fragte Altschäffel betont leise.
„Nein, hatte ich nicht. Wie kommen sie darauf?“
„Da kam gerade ein Mann aus dem Haus.“
„Da hat jemand geklingelt, bevor sie kamen. Ein Scherz! Also, was wollen Sie? Ich muss noch arbeiten.“
Altschäffel reizte dieses abwehrende Verhalten: „Ich wollte Ihnen und Ihrer Frau ... Wo ist sie übrigens?“
„Sie können sich wohl vorstellen, dass sie um ein Uhr nachts schläft.“
„Es wäre schon gut, wenn sie es auch hören würde“, insistierte Altschäffel.
„Sagen Sie, was Sie zu sagen haben. Ich wecke meine Frau nicht.“
„Ihr Sohn ist keines natürlichen Todes gestorben. Jemand hat ihn ermordet“, teilte ihm Altschäffel mit.
Keine Reaktion. Dann ein scharfes: „Ja, und? Ich hatte so et-

was erwartet."
„Warum haben Sie das erwartet?"
„Dass jemand so stirbt, mit einer Drachenfigur in der Hand und wie ein Totenopfer gebettet, da ist es nicht schwer, auf solche Gedanken zu kommen. Wie hat man ihn umgebracht?"
„Man hat ihm eine Giftmischung gespritzt. Die Substanzen findet man auch in K.-o.-Tropfen."
Berger holte sich aus einer alten Weltkugel, die zur Schnapsbar umgebaut worden war, einen St.-Benedikt-Kräuterlikör, füllte ein Schnapsglas randvoll und leerte es beinahe bis zur Hälfte.
„Gestern sagten Sie, dass Ihr Sohn wegen eines Herzfehlers gestorben sein könnte", erinnerte ihn Altschäffel.
„So oder so. Er ist tot. Ich habe jetzt keine Zeit." Berger stand auf und wollte die Besucherin hinausdrängen.
„Im Anzeiger erscheint morgen ein Artikel über den Mord", informierte ihn Altschäffel. „Haben Sie eine Vorstellung, wer Ihren Sohn umgebracht haben könnte?"
„Das ist doch klar. Der Sammler, dieser Penner, hat Tobias immer wieder im Stadtpark aufgelauert. Wir haben diese Kontakte verboten. Aber erst vor einer Woche saßen sie wieder auf einer Bank im Park. Verhaften Sie ihn. Er war es bestimmt. Und jetzt habe ich zu tun."
„Nun sind Sie ja vorgewarnt. Morgen wird die ganze Stadt darüber reden", gab Altschäffel gereizt zu bedenken.
„Also, jetzt gehen Sie, ich muss ins Bett."
„Sie hatten doch noch etwas zu tun."
Bevor Berger antworten konnte, öffnete sich die Tür, und Frau Berger erschien. In der Hand hielt sie einen Porzellanscherben. „Wer hat die chinesische Vase kaputt gemacht? Die teure chinesische Vase. Hat 12 000 Euro gekostet."
„Verschwinde. Ich bin darüber gestolpert. Geh ins Bett", befahl ihr Mann gereizt.
„Wo ist denn Herr ..."

„Es war niemand da! Du hast geträumt! Geh ins Bett.“ Zu Altschäffel: „Und Sie bitte ich jetzt nachdrücklich, mich allein zu lassen.“
Er führte die Polizistin zur Wohnungstür.
„Gute Nacht!“ Laut fiel die Tür ins Schloss.
„Meine Güte“, dachte sich Altschäffel, „da stinkt etwas ganz gewaltig.“

Auf dem Polizeirevier berichtete sie den diensthabenden Kollegen nun ausführlich, was vorgefallen war. Die Personalien der beiden Schläger hatten sie aufgenommen. Zur Schilderung des Vorfalls durch Altschäffel wollten sie sich nicht äußern. Sie gehörten dem Sicherheitsdienst der Freia-Bank an. Adi käme aus Leburien, Paddy aus Gistanat. Anzeige wurde erstattet. Sie konnten nach Hause gehen.
„Natürlich", murmelte Altschäffel, als sie ihre Wohnungstür aufschloss. „Wieso hast du ihn nicht gleich erkannt? Der Besucher bei Berger war Schneider, der Chef der Freia-Bank."

Samstag, 5. Juni

Mensch sein

Zu einem Trauergebet um elf Uhr hatte Pfarrer Reinemacher die Aufelder Bürgerinnen und Bürger eingeladen. Ein Kondolenzbuch würde ausliegen. Man bete zusammen, um ein Zeichen gegen das Verbrechertum zu setzen. Gemeinsame Trauer stärke die Kraft zum persönlichen Ertragen des Schicksalsschlags und kräftige den Zusammenhalt in einer Gemeinschaft, um das Böse abzuwehren. Die Kirche war voll wie selten.

„Liebe Gemeindemitglieder, liebe, auch wenn das komisch klingt, liebe Menschen! Unsere sorgende Mutter, die katholische Kirche, die Seelenwärme und Seelenfrieden so wunderbar in uns bewirkt, sie und die Gebete zu Gott stärken uns, die wir Kinder lieben, hegen und erziehen, in dieser schweren Zeit, in der ein Kind ermordet wurde. Unsere Sorge, unsere Liebe, unser Leben weihen wir den Kindern, sind sie doch in ihrer Unschuld Vorbild für uns und in ihrer Reinheit ein Abbild des Krippenkindes. Schon der Herr verkündete: Wahrlich, ich sage euch, wenn ihr nicht umkehrt und werdet wie die Kinder, so werdet ihr nicht in das Reich des Himmels eingehen“ (Mt. 18,3). Kinder mahnen uns an das reine Mensch-Sein, das wir im Trubel der Geschäfte häufig vergessen. Lasset uns beten:

Herr, mache uns stark, dass wir unsere Kinder schützen können.

Herr, schenke uns genügend Liebe zu unseren Kindern.

Herr, beschütze unsere Kinder vor Verführern.

Herr, mache die Kinder für ihr Leben stark.

Mütter und Väter, ein böser Geist ist in unsere Gemeinschaft eingedrungen. Rettet die Seelen der Kinder! Gott schenke uns allen Kraft dazu, in Ewigkeit, Amen.“

Sonntag, 6. Juni

Erlkönig

Das Wetter dieses Wochenendes schenkte mit abwechselndem Niesel-, Sprüh- und Platzregen erholungsbedürftigen Menschen in Aufeld Ruhe und Besinnlichkeit. Sie konnten sich der Psychohygiene ihres Innenlebens widmen.
Am späten Nachmittag klingelte Babette bei Altschäffel. Sie schlug vor, zusammen zu „Gorgio“, dem besten Italiener, zu gehen und anschließend zu dem Liederabend eines jungen Sängers mit dem Titel: „Geister in Liedern“. Könnte unterhaltsam werden.
Im halbleeren Konzertsaal saßen sie in der dritten Reihe. Einige Lieder waren überstanden. Der Kampf gegen die Schläfrigkeit wurde härter. Kurz vor der Pause erregte ein wildes Tönegewitter die Aufmerksamkeit der Zuhörer: Vater und Sohn in großer Not.

Erlkönig

Wer reitet so spät
durch Nacht und Wind?
Es ist der Vater mit seinem Kind;

Er hat den Knaben wohl in dem Arm,
Er fasst ihn sicher, er hält ihn warm.

Mein Sohn, was birgst du so bang dein Gesicht? –
Siehst, Vater, du den Erlkönig nicht?
Den Erlkönig mit Kron' und Schweif? –
Mein Sohn, es ist ein Nebelstreif. –

„Du liebes Kind, komm, geh mit mir!
Gar schöne Spiele spiel' ich mit dir;
Manch' bunte Blumen sind an dem Strand,
Meine Mutter hat manch gülden Gewand.“ –

Mein Vater, mein Vater, und hörest du nicht,
Was Erlkönig mir leise verspricht? –
Sei ruhig, bleibe ruhig, mein Kind;
In dürren Blättern säuselt der Wind. –

„Willst, feiner Knabe, du mit mir gehn?
Meine Töchter sollen dich warten schön;
Meine Töchter führen den nächtlichen Reihn
Und wiegen und tanzen und singen dich ein.“ –

Mein Vater, mein Vater, und siehst du nicht dort
Erlkönigs Töchter am düstern Ort? –
Mein Sohn, mein Sohn, ich seh' es genau:
Es scheinen die alten Weiden so grau.

„Ich liebe dich, mich reizt deine schöne Gestalt;
Und bist du nicht willig, so brauch' ich Gewalt.“ –
Mein Vater, mein Vater, jetzt fasst er mich an!
Erlkönig hat mir ein Leids getan.

Altschäffel zeigte sich überrascht, wie unmissverständlich Goethe den Kindesmissbrauch dargestellt hat: „Gar schöne Spiele ... Meine Eltern sagten immer. Wenn dich auf der Straße jemand anspricht und sagt, er möchte dir etwas Schönes zeigen, lauf weg.‘“

Babette hatte ähnliche Erlebnisse gehabt: „Ich wurde von meiner Mutter vor Geschenken von Männern gewarnt, die nur etwas Böses von mir wollten.

Ich fragte dann: ‚Was denn?‘ Die Eltern antworteten völlig unsinnig: ‚Das wirst du dann schon sehen.‘ Eine Drohung ohne Inhalt. Jetzt wurde ich erst recht neugierig. Als mir Männer was ‚Schönes‘ gezeigt haben, war ich schon älter.“

Altschäffel erinnerte sich an ihre Schulzeit: „Wir behandelten die Ballade im Deutschunterricht. Der Lehrer schwärmte von der Schönheit der Sprache, dem Rhythmus und der Romantik. ‚Das ist eine hohe Kunst', wiederholte er immer wieder. Was wir hier jetzt erleben, ist die niedere Wirklichkeit."

Montag, 7. Juni

Sigurd Schneider

Kaum hatte Altschäffel am nächsten Morgen das Büro betreten, klopfte es leise an der Tür. Nach dem „Herein!“ erschien in gespielter Schüchternheit Sigurd Schneider, der Chef einer der größten Privatbanken Deutschlands, der Freia- Bank.
„Guten Morgen, Frau Altschäffel!“
„Er täuscht Unterwürfigkeit so vor, dass man spürt, dass er auch anders könnte, wenn man nicht pariert“, stellte Altschäffel in Gedanken fest. „Mal schauen, was er will.“
Beinahe jeder in der Stadt kannte Schneider, vor allem aus der Zeitung, wo er ab und zu bei der Übergabe eines Spendenschecks, meist von 5.000 Euro aufwärts, abgebildet worden war. Manche sahen in ihm den heimlichen Herrscher von Aufeld, die graue Eminenz. Man wusste wenig über ihn, um so größer war die Zahl der Gerüchte. Wenn man in der Gemeinde etwas wollte, ging man am besten gleich zu ihm.
Sein dunkelblauer Anzug umhüllte die für ältere Herren akzeptable Übergewichtigkeit und strahlte Seriosität aus. Eine bunte Krawatte betonte die Lebendigkeit des Trägers. Tadellos frisiert sein graumeliertes, volles Haar. Der leicht federnde Gang verriet die vielen Stunden auf dem Tennisplatz.
„Darf ich eintreten und Sie mit einer Angelegenheit belästigen?“
„Wir von der Polizei haben immer offene Türen für die Bürgerinnen und Bürger.“
„Wie die Banken auch. Darf ich mich vorstellen. Mein Name ist Sigurd Schneider. Ich bin der Direktor der Freia-Bank.“ Er tat so, als würde er nicht annehmen, dass ihn die meisten Leute in Aufeld kannten.

„Angenehm. Yvonne Altschäffel, Kriminalkommissarin. Was kann ich für Sie tun?“
„Wir sind uns vor ein paar Tagen begegnet.“
„Nicht, dass ich wüsste.“
„Doch, doch, ich fuhr gerade ab, als Sie zu Berger wollten.“
Sie tat so, als wäre ihr das neu.
„Ach, Sie waren das. Es gibt immer Leute, die auch nachts noch arbeiten.“
„Wie Sie und ich, immer im Dienst für die Menschen.“
„Fragt sich nur, für welche Menschen.“
„Hahaha, köstlicher Humor. Das Geschehnis in der Nacht war hoffentlich für Sie nicht zu unangenehm“, äußerte sich Schneider und setzte sich.
„Es war hoffentlich für die zwei Herren etwas beschwerlich“, parierte Altschäffel.
Schneider lachte: „Beschwerlich ist gut. Aber Sie wissen ja, dass Ausländer sich nicht immer sofort an deutsche Verhaltensweisen gewöhnen können. Die beiden kommen aus Leburien und Gistanat.“
„Aha!“
„Sie unterstützen dort ihre Familien.“
„Barmherzige Samariter?“
„Menschen halt. Ich bitte Sie, die leidige Sache auf sich beruhen zu lassen und zu vergessen.“
„Widerstand gegen die Staatsgewalt? Drei blaue Flecken verdanke ich ihnen.“ Altschäffel schaltete den Gesichtsausdruck auf „verärgert“.
„Es tut mir sehr leid. Aber verstehen Sie, meine Bank kann sich eine Meldung wie diese nicht leisten. Bei den vielen Prominenten, die wir haben, wäre das schädlich.“
„Die Meldung ist schon auf dem Dienstweg. Dann kommt sie in die Presse“, erklärte sie abweisend.
„Da kann man doch sicher eingreifen?“
„Eigentlich nicht. Mir sind die Hände gebunden.“
„Nun, ich habe mit dem Innenminister gesprochen. Der

meint, wenn Sie das als Missverständnis ansähen, gebe es keine Schwierigkeiten. Die beiden haben keine Aussage gemacht, nur die Personalien angegeben."
„Sie waren in dieser Nacht bei Herrn Berger. Was gab es so Dringendes zu besprechen?"
„Das ist Geschäftsgeheimnis, aber ... Er hätte beinahe einen Zahlungstermin verpasst."
„Darüber hätten Sie ihn auch tagsüber informieren können."
„Nein, der Schuldner hatte keine Geduld mehr. In gewissen Kreisen verzeiht man Zahlungsverzögerungen nicht so leicht."
„In welchen Kreisen?"
„Spielen Sie Lotto?"
„Nein."
„Das ist gut. Leider spielt Berger auch nicht Lotto."
„Sondern?"
„Spiele mit größeren Gewinnen."
„Und Verlusten?"
„Leider ja."

„Und?“
„Gut: Vertrauen gegen Vertrauen. Sein Haus hätte er verloren, wenn ich nicht gekommen wäre. Aber weitere Auskünfte kann ich Ihnen nicht geben.“
Schweigen.
Schneider redete weiter: „Ich habe mit offenen Karten gespielt. Und Sie, spielen Sie so wie der Minister und ich? Sie müssen nichts tun. Alles wird von anderen geregelt.“
Schweigen.
Sie wollte sich empört weigern. Ihre inneren Stimmen warnten sie. Aber dann hörte sie: „Wer weiß, ob du ihn nicht mal brauchen kannst. Verdirb es dir nicht mit ihm. Mach keine eindeutige Aussage, bleib vage.“
„Herr Schneider, heute ist ein prächtiges Wetter.“
„Aber ... es regnet. – Ja, ich verstehe. Vielen Dank und auf Wiedersehen.“
Schneider stand auf, drehte sich um und ging.

Der Penner

Nach diesem „neutralen“ Verhalten musste sie sich an der frischen Luft erholen. Sie hatte mitgespielt, aber richtig war das nicht: „Was soll schon passieren? Ich habe ja nichts gesagt.“
Hinaus in die Natur, sie heilt auch ein schlechtes Gewissen!
Davor hatte sie allerdings noch eine Begegnung mit dem Bürgermeister zu bestehen.
Dieser raunzte sie auf dem Flur an: „Das machen Sie mir nicht noch einmal, mich mitten in der Nacht zu stören.“
Er bekam keine Antwort und fuhr fort. „Ich habe Ihnen schon einmal erklärt, dass der Sammler meinen Sohn umgebracht hat.“
„Warum soll er ihn umgebracht haben?“
„Was weiß ich? Sie sind die Kriminalpolizistin. Aber Sie ...“
„Aber was?“
„Sie tun ja nichts! Donnerstag, Freitag, Samstag, Sonntag, Montag und der Mörder meines Sohnes läuft frei herum! Sie sind eine unfähige Beamtin. Sie Null.“ Mit hochrotem Kopf eilte er zu seinem Büro.
„Armer Mann“, dachte die Beleidigte, holte ihr Fahrrad aus dem Keller und strampelte los.
Sie trat mit aller Kraft in die Pedale und stellte zufrieden fest, wie ihre gewohnte Nüchternheit zurückkehrte. Zweimal durchmaß sie den Radrundweg „Aufelder Kreisel“ und steuerte auf den Stadtpark zu, um sich die Stelle nochmals anzuschauen, wo Tobias gefunden wurde.
Im Näherkommen erkannte sie den Sammler mit einer Flasche Wein im Schoß.
Sie stellte das Fahrrad ab und ging zur Bank.

„Ist hier noch ein Platz frei?“
„Sehen Sie doch.“
Sie setzte sich. Beide schwiegen eine geraume Zeit.
„Sie sind die Kriminalpolizistin von Aufeld. Was wollen Sie von mir?“
Wieder längeres Schweigen.
„Ich habe ihn nicht umgebracht.“
Sammler nahm einen Schluck aus der Literflasche Rotwein.
„Sie auch?“
„Nein, danke.“
Altschäffel hatte schon früher beobachtet, wie Sammler und Tobias zusammen durch die Stadt gegangen waren.
„Sie haben den Tobias gerngehabt“, begann sie das Gespräch.
Sammler nahm noch einen Schluck aus der Flasche.
Umständlich lupfte er seine Hüfte hoch und griff sich in den Schritt, um sein Gemächt in eine angenehmere Lage zu bringen.
„Tobias war freundlich zu mir. Hat mich mögen. Wenn er mir allein begegnete, hat er mir immer Geld zugesteckt, nur Cents. Meinte wohl, ich bräuchte es.“
„Haben Sie es genommen?“
„Sicher. Hätte ich es abgelehnt, wäre er enttäuscht gewesen.“
Altschäffel stellte sich vor, was geschähe, wenn das öffentlich werden würde. Regers mögliche Schlagzeile: „Toter Junge finanziert Lebensunterhalt seines Mörders.“
„Wie viel insgesamt?“
„Sieben, acht Euro.“
Etwas unzufrieden forderte die Kommissarin: „Weiter!“
„Manchmal setzten wir uns auch hierher. Und er erzählte mir etwas.“
„Mmh!“
„In der Schule fühlte er sich nicht wohl. Alle beneideten ihn. War sehr intelligent. Aus dem Jungen“ – ein Schluck aus der Flasche unterbrach den Satz – „hätte etwas werden können. Wir haben manchmal Mathematik gemacht. Bisschen was

Höheres als in der Schule. Die Peano-Axiome – sofort hat er verstanden, worum es ging. Helles Köpfchen."
„Und dann?"
„Seine Mutter hat uns gesehen, als wir hier saßen. Is'n ruhiges Plätzchen. Kommt kein Mensch her. Sie hatte wohl Angst um ihren Sohn. Hat mir verboten, mit ihm zu sprechen."
„Mmh!"
„Wenn man so einer ist wie ich, darf man sich nicht wundern."
„Was sind Sie denn für einer?"
„Na, Penner, Säufer und Antiquitätenhändler."
„Antiquitäten?"
„Hab' einen kleinen Laden, auf einem Bauernhof. Alte Sachen und alte Bücher. Zwei Kilometer Richtung Siebenstadt. Schauen Sie mal vorbei, vielleicht finden Sie etwas. Muss jetzt gehen. Ist heiß. Ciao, Kriminalerin."
„Nichts mit Ciao." Altschäffel hielt seinen Weggang auf. „Ich habe noch ein paar Fragen."
„War zu befürchten."
„Wo waren Sie am Donnerstag so ab zehn Uhr morgens."
„Zu der Zeit ist er ermordet worden? Ich war in meinem Geschäft. Geöffnet von 10 bis 16 Uhr. Steht im Internet."
„Im Internet steht vieles!"
„Oft auch die Wahrheit."
Er machte wieder Anstalten zu gehen.
„Halt, halt. Warum beschuldigen die Eltern von Tobias Sie so überzeugt als Täter?"
„Das müssen Sie sie fragen."
„Wen halten Sie für den Täter?"
„Aufeld ist ein nettes Städtchen. Es gibt nette und böse Menschen."
„Welche sind die bösen?"
„Finden Sie es raus."
„Da müssten Sie mir schon dabei helfen."

Nochmals setzte Sammler die Flasche an die Lippen und trank.

„Das werde ich tun. Ciao, Bella! Fafnir, Gold. Geld and the masters of the universe: Die tanzen uns in den Tod."

Altschäffel ärgerte sich über diesen überheblichen Abschiedsgruß. Als wüsste er etwas. Dann packte sie der Ehrgeiz der fleißigen Schülerin, die sie einmal war. Sie hatte immer alles

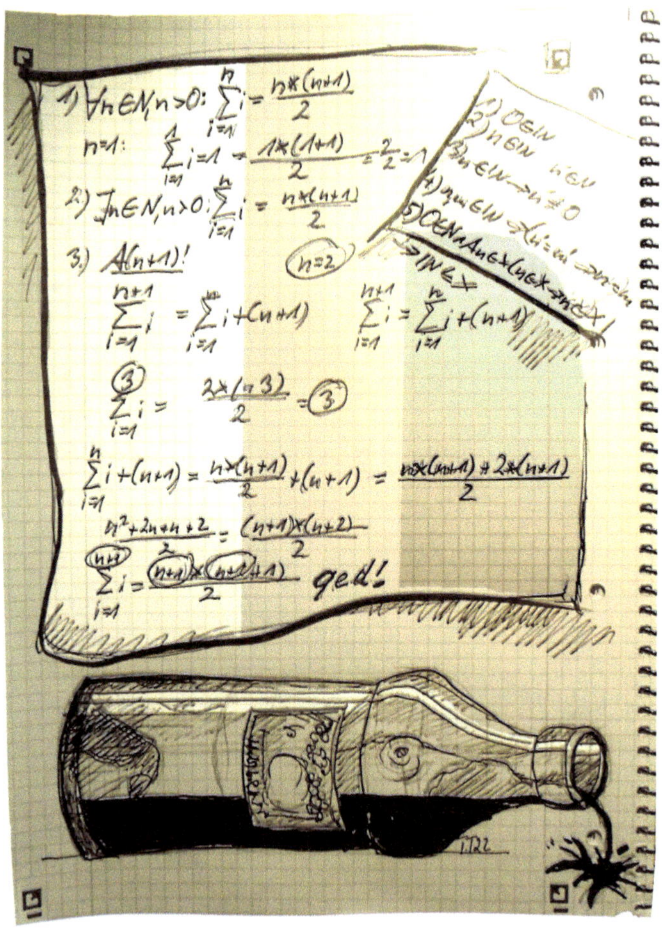

hundertprozentig machen wollen. „Ob ich es noch kann? Null ist eine natürliche Zahl. Jede natürliche Zahl hat eine natürliche Zahl als Nachfolger. 0 ist kein Nachfolger einer natürlichen Zahl ... Es geht noch“. Sie hätte sich auch mit dem Penner über die Peano-Axiome unterhalten können!
Auf dem Rückweg zum Rathaus und ihrem Büro hielt sie bei der Sparkasse an, um Geld zu holen.
Dort stieß sie auf Babette, ihre beste Freundin, die die Haus- und Grundstücksangebote studierte.
„Hier, dieses mickrige Grundstück von 350 Quadratmetern kostet 280.000 Euro“, empörte sich Babette.
„Ist sehr klein, für ein Puppenhäuschen geeignet. Kaufst du eines?“
„Als Single ein Haus? Nee!“ Babette schüttelte sich.
„Dann ziehen wir beide zusammen“, schlug Altschäffel vor.
„Hier, das wäre etwas für uns, 320 Quadratmeter Wohnfläche, Grundstück 1500 Quadratmeter, Bestlage mit unverbaubarer Aussicht über die Monau. Das schaffen wir doch leicht, Yvonne“.
„Ist das nicht eins der fünfzehn Häuser, die auf die teuren Grundstücke der Stadt gebaut wurden? Das Baugebiet Nibelungenring.“
„Richtig, dieser Schneider,“ – hier zuckte Altschäffel zusammen –, „der von der Freia-Bank, hat eins dort – das größte.“
Altschäffel dachte angestrengt nach: „Gab es da nicht einen Skandal? Steuerhinterziehung, Korruption und Ähnliches. Vom Gericht war Berger freigesprochen worden, aber die Gerüchte sind nie verstummt.“
Altschäffel schlug vor, im „Venezia“, ihrer Lieblingseisdiele, einen Eisbecher „Cappuccino“ zu bestellen.
Sie unterhielten sich über Herrn Berger und waren sich in der Beurteilung Bergers einig. Altschäffel berichtete von ihrem Besuch bei ihm.
„Das Wohnzimmer sieht richtig teuer aus – und ungemütlich. Schwere weiße Ledersessel, riesige Orientteppiche, ein

gewaltiger Bücherschrank aus der Gründerzeit. Ein Bild mit vier Läufern im Sportdress, muss von dem Nazimaler Josef Ziegler sein. Auf dem Kaminsims stand eine ca. ein Meter hohe Statue eines jungen, nackten Athleten, die mit „Der „Zehnkämpfer“ betitelt sein könnte. Ich bin fast sicher, dass sie von Arno Brecker stammt.“
„Meine Güte, bist du gebildet. Du schmeißt mit Namen um dich herum, als kenntest du alle Welt.“
„Nein, nur den Leistungskurs Kunst in der Oberstufe. Ich habe ein Referat über die „Kunst im Dritten Reich“ gehalten. Ich hätte nicht gedacht, dass sich irgendjemand heute Kunst aus dieser Zeit ins Wohnzimmer holt.“
„Könnte dann der Mord an Tobias politische Hintergründe haben?“
„Du meinst wegen des Drachens an der Anstecknadel?“
„Da gibt es doch Sigurd, den Drachentöter, in den nordischen Sagen.“
„Vielleicht. Im Bücherschrank konnte ich noch eine Ausgabe von „Mein Kampf“ erkennen“, erzählte Altschäffel.
„Gruselig. Eine braune Zelle?“
„Diesen Ziegler nannte man damals den „Reichsschamhaarmaler“, weil er das weibliche Geschlecht sehr naturalistisch malte. Er war Hitlers Lieblingsmaler.“
„Sag bloß! Kannst du dir vorstellen, wie sich der „Führer“ an Zieglers Nacktbildern erotisch erfreute?“
„Nacktbilder in der Kunst zeigen Schönheit, Anmut und Seele“, würde er dir antworten.“
„In Ewigkeit, Amen.“

Stadtgeflüster

Hast du es schon gehört?
    Nein, was?
Man hat eine Leiche gefunden!
    Ja, wo denn?
Auf dem Kinderspielplatz!
Hinten, bei den Büschen.
    Da ist doch ein Sandkasten.
Ja, genau dort.
    Wer ist es?
Tobias Berger heißt er.
    Der Sohn des Bürgermeisters?
Ja, der. Ein netter Junge.
    Wie ist er gestorben?
Es sei Mord gewesen!
    Mord? Wer hat ihn ermordet?
Weiß man nicht!
Soll dagelegen sein wie eine aufgebahrte Leiche.
    Ich lasse meine Katinka nur mit Begleitung aus dem
    Haus.
Mein Mann organisiert eine Schutzwehr.
In jedes Haus gehört eine Waffe.
        Seit wir das Asylantenheim haben ...
    Es gibt doch einen neuen Friseur.

Sind doch immer schwul, die Friseure.

Der könnte es gewesen sein.

Er lächelt so sadistisch.

Der schwule Friseur hat den armen Tobias umgebracht.

Der schwule Friseur muss weg!

Die Frau vom Bürgermeister sagt: Es war der Penner.

Was für ein Penner?

Na, der vom Antik-Laden.

Der alte Mann?

Sitzt meistens im Stadtpark mit einer Flasche Rotwein.

Ein Alkoholiker!

Die sind gefährlich!

Wie heißt er?

Sammler heißt er.

Alkoholiker, schlechter Geschäftsmann, Schulden.

Der war es.

Da braucht man keine Beweise.

Im letzten Sonntagskrimi hat auch so einer ...

Die sollen ihn endlich verhaften.

Dienstag, 8. Juni

Kinderliebe

Mit Dienstbeginn rief Altschäffel ihren Vorgesetzten Obereiner in der Hauptstadt an.
„Hallo, Herr Obereiner, Altschäffel hier. Ich wollte Ihnen nur berichten ..."
„Ja, hallo, gut, dass Sie anrufen. Der Fall erregt hier einiges Aufsehen. Der Vater des Jungen hat schon zweimal den Minister angerufen. Er kenne den Schuldigen, einen Herrn äh ..."
„Herrn Friedrich Theobald Sammler. Ist ein merkwürdiger Mensch: Er gefällt sich in der Rolle eines Penners am Rande der Gesellschaft. Er heißt Sammler und sammelt Antiquitäten. Besitzt allerdings ein paar Mietshäuser in Großstädten. Warum er das macht? Das weiß niemand. Sitzt als Penner mit einer Rotweinflasche in der Stadt herum und redet mit dem Jungen über höhere Mathematik." Alibi besäße Sammler keines, Verdachtsmomente gegen ihn lägen auch keine vor. Der Junge habe ihn verfolgt, weil er jemanden brauchte, mit dem er frei reden konnte. „Die Mutter halte ich für überbesorgt. Der Vater will, dass alles klappt und er Ruhe für seine Geschäfte und die Politik hat. Geht es nicht nach seinem Kopf, rastet er aus. Die Familie Berger scheint eher das Problem zu sein als Sammler."
Das habe er sich auch so gedacht, erklärte Obereiner: „Da muss man Geduld aufbringen. Man kann das Verhalten Bergers verstehen. Lassen Sie sich nicht verwirren, sondern bleiben Sie nüchtern. Viel Erfolg."
Radfahren bedeutete für Altschäffel nicht nur körperliche, sondern auch geistige Bewegung. Sie ordnete ihre Gedanken

und Ideen und durchdachte verschiedene Möglichkeiten und Gesichtspunkte. Was erwartete sie? Tobias' bester Freund musste doch etwas mitbekommen haben. Irgendeinen Hinweis kann er vielleicht geben.

Das Häuslein, das der Lehrerfamilie Leiderer gehörte, lag gegenüber dem Wohngebiet mit den Villen der Reichen. Altschäffel schloss das Fahrrad mit dem Supersicherheitsschloss „Klaumich" ab und klingelte an der Tür. Das Haus musste einem Programm „Sozialer Wohnungsbau" der fünfziger Jahre entstammen. „Sieht renovierungsbedürftig aus", bemerkte Altschäffel.

Ein kleines Mädchen öffnete die Tür und forderte die Besucherin auf: „Komm rein!"

Kaum hatte sie das Häuschen betreten, vereinnahmten sie mehrere Kinder. Ein Junge schrie sie an: „Wer bist du denn?", ein Mädchen brachte ein Buch und verlangte: „Lies' mir das vor!", ein anderes Mädchen warf Altschäffel einen Ball zu.

Ein Junge stellte sich ihr in den Weg: „Grüß' Gott, grüß' Gott, grüß' Gott!"

„Hallo!"

„Nein, du musst erst ‚Grüß Gott' sagen!"

„Grüß' Gott!"

Das älteste Mädchen nahm Altschäffel an der Hand und führte sie über einen kleinen Flur zum Wohnzimmer. Rechts neben der Tür zur guten Stube hing ein Weihwasserkesselchen. Das Mädchen tauchte ein paar Finger hinein, besprengte die Besucherin und betrat mit ihr das Wohnzimmer. Die Eltern, Herr Anselm Leiderer und Frau Katinka, begrüßten Altschäffel und forderten sie auf, sich auf ein Oma-Plüsch-Sofa zu setzen. Die Mutter ging hinaus, um die Kinder zu beruhigen.

Herr Leiderer sagte: „Wir haben ihren Besuch schon erwartet, Frau Altschäffel. Schließlich waren unser Sohn Sven und Tobias eng befreundet."

„Sie kannten Tobias als Lehrer ja auch gut. Wie würden Sie ihn beschreiben?" Herr Leiderer setze sich in Positur: „Tobias war ein besonderer Schüler. Weitaus intelligenter als die anderen. Ich konnte mich nicht genug um ihn kümmern. Er wollte immer etwas wissen. Die anderen Schüler haben ihn

gehänselt. In der Klasse war er unbeliebt. Die Eltern waren problematisch: die Mutter schwach und depressiv und der Vater - wenn ich erzählen würde ...“
Er machte eine Pause.
„Was würden Sie dann sagen?“
„Nein, lassen wir das, ich will nicht ...“
„Herr Leiderer, Tobias ist ermordet worden, da müssen Sie alles sagen!“
Leiderer starrte die Kommissarin eine unangenehm lange Zeit an.
Dann stammelte er. „Ermordet! Ermordet! Ich kann es immer noch nicht fassen.“
Altschäffel informierte ihn über die Sachlage und verlangte anschließend eine Antwort auf die Frage nach dem Verhältnis von Tobias zu seinem Vater.
„Nun ja, sein Vater war sehr streng mit ihm“, räumte Leiderer ein.
„Er hat seinen Sohn misshandelt“, vermutete Altschäffel.
„Juristen würden das so sehen“, gab Leiderer zu.
„Und Pädagogen? Haben Sie nichts unternommen, um das zu unterbinden?“
„Geredet hab‘ ich mit dem Vater. Der Erfolg: Prügel, weil Tobias die Familie beschmutzt habe. Und anzeigen? Den Bürgermeister? Das wollte ich nicht durchstehen. Gekommen ist Tobias immer noch zu uns, vor allem zu den Kindern. Wir waren wohl sein Schutzraum.“
„Sie haben ihn aber vor seinem Vater nicht geschützt“, stellte Altschäffel fest.
Frau Leiderer, die die Kinder in ein anderes Zimmer gelotst hatte, setzte sich.
„Bei uns war er immer willkommen. Er gehörte beinahe zur Familie, so oft war er hier“, ergänzte sie: „Vor einem halben Jahr hat der neue Pfarrer ...“
„Reinemacher?“, unterbrach Altschäffel.
«Ja, der. Das war so“, begann Frau Leiderer ihren Bericht:

„Der alte Pfarrer wurde vor zwei Jahren pensioniert. Dann waren wir eine lange Zeit ohne Pfarrer, und dann so ein Glücksfall wie Pfarrer Reinemacher. Der war plötzlich da und übernahm die Pfarrerstelle. Besonders für die Kinder und Jugendlichen war er ein Ideal."

„Fast eine Konkurrenz für mich", warf der Lehrer ein.

Frau Leiderer setzte ihre Erzählung fort. „Die Jungen und Mädchen gingen für ihn durchs Feuer. Er findet die richtige Sprache für sie. Der Herr Pfarrer ist auch sehr gläubig. Er ist mein Beichtvater."

Sven trat ein: blondes Goldhaar, rosa Engelbäckchen, gut genährt, aber nicht dick; er bewegte sich lässig, wobei er seine Hüften jeweils ein wenig nach vorne bzw. nach hinten schob.

„Hat wohl zu viele Cowboyfilme gesehen? Sind die überhaupt noch modern?", überlegte Altschäffel.

„Sven! Sag Frau Altschäffel ‚Guten Tag'."

„Tag auch."

„Guten Tag, Sven, ich bin Kriminalpolizistin. Ich will herausbekommen, wer Tobias umgebracht hat."

„Ja."

„Du warst doch der beste Freund von Tobias."

„Ja."

„Wann hast du ihn zum letzten Mal gesehen?"

Sven schaute betreten zum Boden.

„Weiß nicht mehr."

Herr Leiderer empörte sich. „Du wirst doch wissen, wann und wo du zum letzten Mal mit Tobias zusammen warst."

„Am Donnerstag."

„Wo?"

„Auf dem Schulweg."

„Sven, kannst du mir genau schildern, was an diesem Donnerstag geschehen ist?", forderte ihn Altschäffel auf.

Der Junge wurde rot und schwieg.

„Na, was ist. Sag etwas", bohrte der Vater nach.

„Herr Leiderer, lassen Sie bitte mich mit Sven reden. Sven,

seid ihr zusammen zur Schule gegangen?"
„Ja."
„Wann habt ihr euch getroffen?"
„So um halb acht."
„Wo habt ihr euch getroffen?"
„Tobias hat vor unserer Tür gewartet."
„Und dann seid ihr zusammen zur Schule gegangen?", setzte Altschäffel hinzu.
„Ja, da ..."
„Was ist da geschehen?"

„Da hielt ein schwarzer Lieferwagen neben uns. Ein Mann rief Tobias zu sich und sagte etwas. Tobias kam zu mir und erklärte, sein Vater habe befohlen, mit dem Mann sofort mitzufahren, denn die ganze Familie sei in größter Gefahr. Ich sollte schwören, niemandem etwas zu verraten, sonst würde mir etwas Schreckliches geschehen. Dann ging er zurück zum Auto, stieg ein, und sie fuhren weg."

„Wer fuhr weg?"

„Na, der Fahrer, Tobias und - da war noch einer im Wagen", glaube ich.

„In welche Richtung sind sie gefahren?", wollte Altschäffel wissen.

„Die Hügelstraße hoch."

„Warum sagst du das jetzt erst?", jammerte die Mutter.

Altschäffel setzte sich neben den Jungen. „Also, Sven: Ihr seid zusammen um 7:30 Uhr von zu Hause weggegangen. Zur Schule braucht ihr zehn bis fünfzehn Minuten. Dann müsste der Mann euch um sieben Uhr fünfunddreißig angesprochen haben."

„Ja, wird schon so sein."

„Wie sah der Fahrer aus?"

„Ich konnte nicht viel sehen. Er war ja im Auto. Muss groß gewesen sein. Hatte eine Sonnenbrille auf. Schwarze Haare. Mehr konnte ich nicht sehen."

„Würdest du ihn wiedererkennen?"

„Vielleicht. Ich habe nur den Kopf gesehen."

„Welche Marke war das Auto?"

„Weiß ich nicht."

„Kam dir das nicht sehr seltsam vor?", fragte Altschäffel.

„Ja, doch. Schon. Die Eltern hätten es ihm ja noch zu Hause sagen können."

Die Mutter warf ihm vor: „Du hättest uns informieren müssen. Warum hast du uns nichts erzählt?"

„Ich habe es doch Tobias geschworen. Ich wollte nicht, dass mir etwas Schreckliches passiert ..." Er fing an zu weinen.

„Schon gut, Sven. Herr Leiderer, ich schreibe ein Protokoll und lege es Ihnen vor. Einverstanden?"

Er nickte Zustimmung.

Sie verabschiedeten sich. Altschäffel hörte bei noch offener Tür Sven sagen: „Ich brauche noch ein Handtuch für die Ministrantenstunde."

Mit einem unguten Gefühl im Magen schob die Kommissarin das Rad zum Friseursalon. Sie wollte konzentriert nachdenken, ohne den Verkehr zu behindern.

Schneiden, waschen, föhnen

Vor einem halben Jahr hatte Luciano Presto einen Friseur- und Schönheitssalon eröffnet. Wegen seines Erfolgs musste er drei Friseusen zusätzlich einstellen. Eine davon war Babette gewesen.

Die Damen der besseren Gesellschaft Aufelds hatten für den Genuss, im Dunstkreis des berühmten Haarkünstlers Luciano zu sein, einen saftigen Aufpreis bezahlt. Dann hatte die Gerüchteküche so heftig gebrodelt, dass von einem Tag auf den anderen ein großer Teil der Kundschaft ausblieb. Schon am Samstag gab es Lücken, am Montag hatte nur noch Babette etwas zu tun, weil sie bei den Kundinnen sehr beliebt war. Am Dienstag war Altschäffel die fünfte Kundin, und das am späten Nachmittag. Von einer Mehrheit der Aufelder Damen war es als bewiesen angesehen worden, dass so ein Schwuler wie Luciano Tobias hätte ermorden können, weil ..., weil ... ja, weil es halt so ist, man kenne das schon! Vorsicht tue da not. Von Stund an war die Flut an Kundinnen verebbt. Als drei Fenster seines Hauses eingeworfen wurden, verließ Luciano fluchtartig Aufeld und übergab die Geschäftsleitung Babette.

Um ihre Freundin zu unterstützen und weil es keine Wartezeit gab, unterzog sich Altschäffel einer Auffrischungskur der Haare. Vor dem Spiegel fand sie, dass sie für vierundvierzig passabel aussehe. Natürlich ... Dennoch ... Für ihre ein Meter siebzig war sie etwas zu pummelig; ihre Jeans waren meistens zu groß oder zu knapp. Den Kampf gegen die unreine Haut vernachlässigte sie. Salben und andere Schönheitsmittel verwendete sie nur an Sonn- und Feiertagen. Ihre Fitness lag an der unteren Grenze des Polizeistandards. Religiös war sie an Weihnachten, an Ostern nicht. Sex „interessierte" sie, aber es durfte nicht zu anstrengend werden, sodass längere Männerbekanntschaften ausgeschlossen waren. Sie spielte mit dem Gedanken, sich beruflich und persönlich zu verändern, - aber wie? Sie ertappte sich manchmal dabei, Stellenangebote aus anderen Bundesländern zu lesen. Ein bisschen mehr sollte aus ihrem Leben doch noch werden.

Ihre Ehe, sie zwanzig, er zweiundsechzig, war kurz und schmerzvoll gewesen. Als „Ehegeschädigte" freute sie sich täglich über ihr Leben als Alleinstehende.

In Aufeld fühlte sie sich seit der Kindheit in ihrer Welt. Sie kannte viele und viele kannten sie.

Babette Feuerle, ihre beste Freundin und das Klatschmaul der Stadt, stürzte auf sie zu, als sie den „Gesundheits- und Schönheitssalon" betrat. „Renovierung nötig. Wegen der Beerdigung morgen?"

Schnell hatte sie ihre Freundin und Nachbarin vom dritten Stock des Wohnungskomplexes „Stadtleben – schöner leben" auf einen Stuhl bugsiert und mit ihrer Behandlung begonnen.

Sie erzählte, wer heute schon dagewesen war: „Es sind immer noch wenige Kundinnen, obwohl Lorenzo weg ist. Aber Frau Berger beehrte mich. Ich sagte nur: Beerdigung? Sie antwortete: Mein Sohn kommt zu Besuch. Ich sagte: Mein herzliches Beileid. Sie: Wozu? Ich: Wegen ihres Sohnes. Sie: Was haben sie nur alle? Sie ist wohl verrückt geworden. Hat auch Pech mit ihrem Mann. War früher Schönheitskönigin. Heute nimmt sie nur den billigsten Haarschnitt. Bemerkt doch keiner, sagte sie. Dein Haar, Yvonne, bräuchte auch mehr Pflege. Nein, bitte nicht bewegen. Hätte dir beinahe ein Ohr abgeschnitten.

Die Ermordung von Tobias ist eine traurige Sache. War so ein netter Bub. Ich habe ihn mir immer in Mädchenkleidern vorgestellt. Hübscher Bengel. Hätte auch gut homosexuell sein können. K.-o.-Tropfen durch die Spritze scheint eine neue Methode zu sein. Aber da weißt du mehr als ich. Du wirst ja dauernd in der Zeitung erwähnt. Apropos Tobias. Merkwürdig ist es, weißt du. Vor einem halben Jahr, auf dem Ball zum fünfzigsten Firmenjubiläum der Freia-Bank mit dem Motto „Reich, reicher, am reichsten“ hatte ich mich in eine Ecke zurückgezogen. Da hörte ich ein Gespräch von Schneider und Berger mit, Berger wollte wohl fünfzigtausend Euro von Schneider bekommen. Der lachte nur. „Da musst du erst einmal gewinnen und nicht verlieren. Tobias könnte Geld bringen ...“ Mehr konnte ich nicht hören. Was es bedeutet, das musst du aufklären.“

„Warum hast du nie etwas davon erzählt?“

„Es ist doch schon viele Monate her. Aber wie wäre es, wenn wir uns um sieben Uhr beim Inder treffen?“

„Super“.

Ein Brief

Nach dem Abendessen beim Inder schlenderten die beiden Freundinnen eingehakt auf Umwegen, die laue Frühsommernacht genießend, zu ihren Wohnungen. Vor Altschäffels Tür zögerten sie, trennten sich und wünschten sich: „Gute Nacht".

Ihre Eigentumswohnung hatte Altschäffel ihrer Seelenlage gemäß eingerichtet: für den Alltag praktisch und nüchtern. Küche, Wohnzimmer und Schlafzimmer „skandinavisch" in heller Eiche mit Ausnahme des Kochzentrums. Die neunzig Quadratmeter entsprachen ihrem Bedürfnis nach Raum. Sie teilte ihn nur ungern mit längerfristigen Besuchern.

An den Wänden hingen Bilder von Patienten psychiatrischer Kliniken, in denen Kunsttherapie zur Behandlung gehörte. Bei einigen Bildern war die weiße Leinwand mit bunten geometrischen Figuren bedeckt, die die Hoffnung der Aufklärung auf ein vernünftig geführtes Leben propagierten. Andere Bilder zeigten explodierende Farbkleckse, die mit greller Buntheit ein abstraktes Gestrüpp spannen.

Jenseits der Erklärungen fühlte sie sich beim Betrachten eines Bildes in eine angenehme oder nachdenkliche Stimmung versetzt. Sie ließen eine Art Heimatgefühl aufkommen. In diesen Bildern fand sie Sicherheit und Kraft.

Nach zwei Stunden Schlaf weckte sie die Türglocke. Dienstlich konnte es nicht sein, denn die Kollegen würden telefonieren.

Sie öffnete das Fenster und sah von ihrem zweiten Stock aus nur noch einen unförmigen Schatten davonlaufen.

Sollte sie hinuntergehen? War es eine Falle?

Sie legte sich wieder ins Bett.

Beim Weggehen am nächsten Morgen fand sie eine Mitteilung im Briefkasten.

Sehr geehrte Frau Altschäffel,

ich schreibe Ihnen diesen Brief, weil ich untertauche. Sie werden mich bis zur Verhaftung des Verbrechers nicht mehr sehen.
Sie werden mich suchen lassen, das wird vergeblich sein. Meine Jahre als Penner haben mich gelehrt, mich zu verstecken,
Warum verschwinde ich?
Ich war vier Jahre im Gefängnis. Das werden Sie bei Ihren Nachforschungen über mich bald erfahren. Vier Jahre wegen sexueller Belästigung eines Jungen.

Die Tatsachen: Ich war sternhagelvoll. Im Park verspottete mich ein zehnjähriger Junge. Immer wieder hat er geschrien: „Säufersau, Säufersau, kriegst eine böse Frau!" Ich weiß, ein blöder Spruch, harmlos und dumm. Aber ich sah rot. Ich wollte den Lümmel verprügeln. Riss ihn zu Boden, dabei zerriss die Hose, sie rutschte die Knie runter, sodass er halb nackt auf dem Boden lag. Während ich auf ihn einschlug, kamen Leute daher, die alles sahen und die Polizei holten.
Verprügeln wollte ich ihn, nicht vergewaltigen.
Das glaubte man mir nicht.
Deshalb Gefängnis.

Wenn dies in Aufeld bekannt wird, bin ich meines Lebens nicht mehr sicher.
Ich will mich dem nicht stellen.

Sie können sicher sein, dass ich Tobias nicht umgebracht, vergewaltigt oder irgendwie sexuell belästigt habe.
Aber seine Eltern werden alles tun, um mich zu vernichten.
Ich will nicht mehr ins Gefängnis, auch nicht als Untersuchungsgefangener ein paar Tage oder Wochen.

Finden Sie den Mörder bald!

Viel Glück
Friedrich Theobald Sammler

Altschäffel gab im Büro eine Fahndung nach Sammler heraus. Zu Hause machte sie sich für das Requiem zurecht – schwarze Hose, grauer Pullover – und ging zur Kirche.

Mittwoch, 9. Juni

Requiem

Die Kirche war schon übervoll. Nur in den vorderen Reihen gab es noch Lücken. Nachdem Altschäffel dort einen Platz eingenommen hatte, ging Berger auf sie zu und sagte für alle vernehmlich: „Ich habe es Ihnen gesagt: Der Penner ist der Mörder!"

Anscheinend war die Fahndung nach Sammler sehr schnell bekannt geworden. Innerlich tobte Altschäffel, weil dieser „Krakeeler" sie öffentlich blamiert hatte. Sie hatte sich zurückgehalten und geschwiegen.

Was mögen die Aufelder über sie denken? „Sie ist eine Verliererin! Nicht einmal einen so einfachen Fall kann sie lösen ..."

Babette nahm neben ihr Platz, ein Trost wenigstens. Auch Lily setzte sich neben sie. „Kommt heute der Fafnir?"

Altschäffel wollte antworten: „Der ist schon da." Schneider kondolierte Frau Berger und ihrem Mann mit großer Geste und setzte sich gleich neben sie, was ein Anschwellen des Getuschels im Kirchenraum bewirkte. Kurz vor Beginn des Requiems stolzierte der Vertreter der Lokalpresse, Doktor Erwin Reger, durch das Kirchenschiff zu Bergers, kondolierte mit großem Ernst und nahm in der ersten Reihe Platz.

Eine gewisse Spannung unter den Trauergästen war sein Werk: „Tobias – ein politischer Mord? Steckt eine Gruppe hinter dem Mord an Tobias Berger? Ist er das Opfer einer Sekte?" Auf diese Überschriften des heutigen Anzeigers war Erwin Reger stolz.

Während des ersten Teils des Trauergottesdienstes studierte Altschäffel das Auftreten Reinemachers. Mit dem Schreiten zum Altar gelang es ihm ausgezeichnet, Trauer und Tapfer-

keit zugleich auszudrücken. Sorgengebeugt schlurfte er herein. Vor dem Altar straffte sich sein Leib und er stieg mit sicherem Schritt die acht Stufen hoch:
„Liebe Frau Berger, lieber Herr Berger, liebe Trauergemeinde,
Gott, der Herr, spricht: ‚Sie ließen nicht ab von Mord und Zauberei, von Unzucht und Diebstahl.‘ So steht es in der Geheimen Offenbarung des Johannes. ‚Fürchtet Gott und erweist ihm die Ehre! Denn die Stunde seines Gerichts ist gekommen.‘ Der Mörder unseres Tobias wird seiner gerechten Strafe nicht entgehen!
Liebe Frau Berger, Sie haben unter Schmerzen Ihren Tobias zur Welt gebracht. Wie viel größer ist der jetzige Schmerz, Ihren Sohn auf seinem letzten Weg begleiten zu müssen!
Und Sie, Herr Berger, der als Bürgermeister unserer Stadt für Ordnung sorgt, der sich um die Kinder besonders verdient gemacht hat durch die Errichtung des vorbildlichen Kinderspielplatzes, in dem Ihr Sohn so jammervoll im Schmutz zugrunde gehen musste. Wie schmerzhaft ist es für Sie, Herr Bürgermeister, dass Sie Ihren Tobias nicht haben vor einem Verbrecher schützen können. Und wir, die wir uns versammelt haben, wir kannten und liebten den Tobias Berger, von dem wir uns nach einem zehn Jahre kurzen Leben verabschieden müssen, für immer. Der Herr, unser Gott, ist mit den Trauernden. Er tröstet und er schützt sie.“
Lautes Schluchzen von Frau Berger unterbrach die Rede. Ihr Mann nahm ihre Hand.
„Wie bitter war der Tag, an dem man den leblosen Körper von Tobias auf dem Spielplatz am Goldbach fand. Der Herr, unser Gott, gebe uns die Kraft, diesen Schmerz zu ertragen und zu überwinden.“
Frau Berger krallte sich, von Weinkrämpfen geschüttelt, an ihren Mann, der reglos vor sich hinstarrte, dann aber seine Frau umschlang und an sich drückte.
„Tobias Berger, du bist von uns gegangen und hast die Freude,

die du uns so reichlich geschenkt hast, mit dir genommen. Ratlos stehen wir hier und wissen nicht, Gottes Absichten zu deuten. Warum musste das geschehen? Warum klingt dein fröhliches Lachen nicht mehr durch die Wohnung deiner Eltern? Warum erhebst du nicht mehr deine Stimme, wenn der Lehrer eine Frage stellt? Warum schießt du in der Zwergenmannschaft des Fußballvereins keine Tore mehr? Gott hatte dir so viele Gaben mitgegeben. Bewundernswert waren deine mathematischen Fähigkeiten, mit denen du den Landeswettbewerb Mathematik für deine Jahrgangsstufe gewonnen hast. Deine Musikalität drängte dich ans Klavier, wo du mozartgleich musiziert hast. Was hätte alles aus dir werden können! Ein Verbrecher hat diese Hoffnung zerstört. Du lässt uns in einer dunkler gewordenen Welt zurück, in der Menschen wie dein Mörder Unglück über uns bringen."

Aufmerksam schaute sich Altschäffel um. Sie glaubte nicht, dass Sammler der Täter war. Wer von den Anwesenden könnte es gewesen sein?

„Was geht in einem Mörder vor", predigte der Pfarrer weiter, „während er einem Zehnjährigen Gewalt antut? Was ist das für ein Mensch? Ist auch er ein Kind Gottes? Ja, sagt Euer Pfarrer, ja sage ich mit Gott, auch er ist ein Mensch, ein verlorenes Kind Gottes, für das noch Hoffnung besteht."

Altschäffel rutschte unruhig auf der Bank hin und her. Was redet der denn? Der macht alles nur schlimmer. Soll endlich aufhören!

„Wir alle haben die Hoffnung auf Gott und die Erlösung. Auch wenn es schwer ist zu glauben, aber Gott hat alles für uns geplant und führt es zu einem guten Ende. Gott schreibt auch auf schiefen Zeilen gerade. Beten wir für die Seele unseres kleinen Tobias.

Vater unser, der ..."

Der Organist beendete mit dem Vorspiel zum „Ave-Maria" vorzeitig die Rede. Die Kinderstimmen der Familie Leiderer sangen ihrem Freund das letzte Lebewohl. Tief bewegt zogen

manche Damen ihre Taschentücher, und die Herren räusperten ihren Kloß im Hals hinunter. Laute Schluchzer der Mutter mischten sich in die Schönheit der Melodieführung des Stücks von Gounod.
Die Totenmesse zog sich endlos dahin. Die Schwüle eines gewittrigen Sommertages lastete auf der Trauergemeinde. Dann das erlösende „Requiescat in pace! Er möge ruhen in Frieden."
Sechs Träger fuhren den Sarg auf einem Wagen durch den Mittelgang der Kirche. Die Klassenkameraden, die das Requiem im Vorraum mitgehört hatten, umringten den Sarg und die Träger und geleiteten Tobias auf seinem letzten Weg. Der Pfarrer, die Eltern, entfernte Verwandte, die Honoratioren und Freunde der Familie schlossen sich dem Zug an. Ganz am Ende gingen Babette, Lily und Altschäffel.
Als die Spitze des Trauerzuges das offene Grab erreicht hatte, hörte man empörte Rufe. „Unverschämtheit! Frechheit! Schmeißt es weg."
In dem Erdhügel hinter dem offenen Grab stak eine beinahe mannshohe Spielkarte in der Erde: ein schrecklich grinsender Joker.
Berger zitterte, während er sich bei den „Freunden und Bekannten" für die Unterstützung bedankte. Dann warf er mit einem Spaten Erde zum Abschied auf den Sarg. Trotz eindringlichen Zuredens weigerte sich seine Frau, sich von ihrem Sohn zu trennen. „Er hat versprochen, heute Abend zu kommen."
Altschäffel entdeckte hinter einem Busch gut verdeckt eine alte Frau mit Kopftuch: Sammler! „Das war eine echte Freundschaft. Er war es nicht."
Lily raunte ihren beiden Begleiterinnen zu: „Jetzt kennen wir den wirklichen Täter: den Joker!"

Nachtarbeit

Die Bewältigung von Routineaufgaben half Altschäffel, sich für den Rest des Tages von den Gedanken an den Mord und die Beerdigung abzulenken. Und darüber nachzugrübeln, welche Bedeutung der Joker haben könnte.

Um ein Uhr nachts klingelte das Telefon. Berger berichtete atemlos, seine Frau sei verschwunden. Im Rathaus sei bereits eine Suchleitstelle eingerichtet worden. Er habe Angst, dass sie Selbstmord begehen oder dass Sammler sie ermorden könnte. Er bitte sie, bei der Suche zu helfen und ins Rathaus zu kommen.

Nach ein paar Minuten war sie bereit, sich dienstlich an der Suche zu beteiligen. Zur Sicherheit nahm sie ihre Dienstwaffe mit.

Die Stille der Nacht und die Leere der Straßen haben etwas Unheimliches an sich. Einerseits erwartet man, dass sich nichts bewegt oder hörbar wird, andererseits fürchtet man die plötzliche Störung durch einen Schrei oder einen aufheulenden Motor. So empfand Altschäffel die Lichter im Pfarrhaus geradezu idyllisch, sie hatten etwas Tröstliches, aber auch Unheimliches.

Beim Anblick des Ford Ranger von Brenneisen holte sie nüchterne Professionalität ein. „Was macht Brenneisen zu dieser Zeit beim Pfarrer?", fragte sie sich. Sie radelte gerade vorüber, als sich die Tür öffnete und Brenneisen und Reinemacher zwei schmale größere Kästen zum Auto schleppten.

„Guten Abend, die Herren, haben Sie auf Nachtarbeit umgestellt?", begann Altschäffel das Gespräch.

„Und du, suchst du nachts Kundschaft - für das Gefängnis

natürlich", konterte Brenneisen, ihr ehemaliger, ungeliebter Klassenkamerad.

„Dahin werde ich dich schon noch geleiten dürfen. Ciao, Bello, wau, wau."

Sie wollte weiterfahren, wandte sich dann aber noch einmal Brenneisen zu. „Du kennst doch die unterirdischen Gewölbe dieser Stadt."

„Nie und nimmer. Ich bin ein unbescholtener Bürger, der seine Steuern und Abgaben zahlt."

„Zahlen ist ein gutes Stichwort. Was bedeutet der Joker am Grab von Tobias?"

„Einem Joker kannst du jede Bedeutung zuordnen", gab Brenneisen Auskunft. „Er sieht einem Narren ähnlich."

„Wer war mit dem Narren gemeint?", fragte Altschäffel.

„So eine Karte wurde bei manchen Spielgruppen an der Tür desjenigen befestigt, der seine Spielschulden nicht zahlt."

„Als letzte Warnung? Und so was in Aufeld?"

„In vielen Städten. Die Leute wollen das Glück erzwingen."

„Wie kommst du zu deinem teuren Wagen?"

„Pech in der Liebe, Glück im Spiel. Er ist mein ganzer Stolz. Dreihundert PS!" Man sah ihm die Freude über das Gefährt an.

„Das haut selbst mich um. Könnte das Gerücht stimmen, dass du, sagen wir mal, als Ansprechpartner für Glückssuchende die PS finanzierst?"

„Das ist legal. ‚Der Mensch ist nur da ganz Mensch, wo er spielt' Immerhin von Goethe." Ein spöttisches Grinsen strahlte Überlegenheit aus.

„Falsch, Brenneisen, setzen, sechs. Du hast dich seit unserer Schulzeit nicht geändert. Der Satz stammt von Schiller. Jetzt aber raus mit der Sprache: Was ist mit Berger los?"

„Glück in der Liebe, Pech im Spiel."

„Wie viel?"

„Haus!"

Reinemacher hatte ungeduldig zugehört: „Siegfried, wir müs-

sen weiter."
„Was transportieren Sie mitten in der Nacht?", erkundigte sich Altschäffel.
Reinemacher antwortete ungeduldig: „Bilder. Altarbilder. Schönen Tag noch!"
Brenneisen rief aus dem Auto heraus: „Tschau Bella, miau, miau."
Und weg waren sie.
Unbehaglich wurde ihr bei dem Gedanken zumute, dass die kriminelle Unterwelt Berger in der Hand hatte. Und was war dieser Reinemacher für ein sonderbarer Heiliger? Nachforschen!

Abschied einer Mutter

Auf dem Weg zum Rathaus fiel Altschäffel ein, dass sie noch schnell bei dem Grab von Tobias vorbeischauen sollte. Sicher hatten die Kollegen des Suchtrupps den Friedhof schon durchkämmt, aber vielleicht ...

Sie schob ihr Rad zur Aussegnungshalle. Der Vollmond leuchtete die Gegend so aus, dass man die Umgebung gut wahrnehmen konnte.
„Wie friedlich hier alles ist, eine himmlische Ruhe. Der Wind bringt die Bäume zum Flüstern." Altschäffel lauschte dem Klang der Natur. Nein, sie hörte wirklich eine Stimme: Frau Berger! Von der Mauer eines Lagerplatzes für Gartengeräte, Eimer und Erde in der Nähe der Aussegnungshalle hatte sie einen guten Blick auf Tobias' Grab, ohne selbst gesehen zu werden. Vorsichtig streckte sie den Kopf aus ihrer Deckung und sah Frau Berger am Rande des Grabes ihres Sohnes stehen. Die kühle Nachtluft trug die Stimme gut hörbar bis zum Platz der Kommissarin.
„Mein Sohn, ich habe dich lange gesucht. Warum versteckst du dich vor mir. Ich weiß, dass du in diesem Grab bist. Komm heraus, das Spiel ist zu Ende. Es ist nicht recht von dir, mein Sohn, dass du auf die Gefühle deiner Mutter keine Rücksicht nimmst. Als Vierjähriger hast du dich totgestellt, wenn ich dir einen Wunsch nicht erfüllt habe. Als du einmal voller Zorn auf mich warst, weil ich dir kein Geld für ein Eis gegeben habe, hast du dich die drei Stufen der Treppe hinunterfallen lassen. Minutenlang hast du dich nicht gerührt, hast dich totgestellt. Ich habe voller Verzweiflung geschrien, bis du lachend die Augen aufgeschlagen und mich verspottet hast: ‚Reingelegt, reingelegt.' Willst du mich jetzt wieder verspotten? Du bist älter geworden und willst mich wieder ärgern. Warum? Ich werfe dir drei Chrysanthemen von diesem Kranz hinein und dann kommst du heraus."
Altschäffel hatte während der Ansprache der Mutter eine SMS an die Leitstelle geschickt. Ein Arzt solle kommen. Herr Berger natürlich auch. Keine Sirenen. Bitte ruhig und vorsichtig zur Aussegnungskapelle gehen. Hinter dem Mäuerchen sei sie zu finden.
Altschäffel schämte sich, diese intime Szene einer Mutter am Grab ihres Sohnes mitzuhören. Der Kampf gegen die

Anerkennung der Wirklichkeit erschütterte sie...
„Eins, zwei, drei. Komm, mein Junge, mach kein Theater. Heute nicht mehr, bitte, bitte, komm heraus.
Du bekommst morgen den großen Eisbecher in der Eisdiele; eine Kugel Vanilleeis, eine Kugel Erdbeereis, eine Kugel Himmelblau, eine Kugel Schokoladeneis, dazu Erdbeeren und Bananenstückchen, Schlagsahne und Schokosauce mit

bunten Streuselkügelchen. Morgen, gleich um zehn Uhr gehen wir ins Venezia, nur wir beide, und essen den Coppa mirabilis. Und dann noch den Coppa amarena und dann noch den Nussbecher ...
Komm, mein Junge, komm heraus. Es wird kalt hier. Ich

friere. Bist du böse auf mich? Weil ich gestern nicht mit dir auf dem Rummelplatz war? Ich hatte es dir für morgen versprochen. Man muss doch warten können. Die Vorfreude vergrößert das Vergnügen. Wir gehen morgen nach der Eisdiele auch noch zum Rummel. Du darfst alles machen, was du willst, nur komm jetzt endlich aus deinem Versteck, komm, bitte, komm. Warum erweichen dich meine Tränen nicht?

Weißt du, ich habe dich mit Schmerzen geboren. ‚Besonders schwierige Lage', sagte der Doktor damals. ‚Sie müsse tapfer sein.' Die Hebamme hat nach deiner Geburt gesagt, sie hätte nie eine so schwere Geburt und so eine tapfere Frau wie mich erlebt. Aber du warst da und warst unsere große Freude, von Anfang an. Dich aufwachsen zu sehen, das Greifen deiner kleinen Fingerchen zu spüren, dein Lachen, wenn du mich sahst, die ersten Zähne, die ersten Schritte, dein erstes Wort Mom, Mom, hast du gesagt, immer Mom, Mom, Mom. Entschuldige die Tränen. Es war schön mit dir, damals, an deinem ersten Schultag. Komm jetzt raus. Langsam werde ich wütend. Was schikanierst du mich, deine Mutter. Theaterspielen ist schön, schikanieren nicht. Wenn du nicht kommst, komme ich zu dir."

Als sie Anstalten machte, in das erst halb zugeschüttete Grab zu steigen, griffen ein Arzt und zwei Sanitäter ein, die mit Berger gekommen waren, und verhinderten, dass sich die Mutter in das Grab des Sohnes stürzte.

Ihr Mann umarmte sie: „Ich habe nur noch dich, nur noch dich."

Beide weinten.

Altschäffel kam sich überflüssig vor, entschuldigte sich, denn es gab nichts mehr für sie zu tun. Sie rief Babette an und bat um Unterschlupf. Sie brauchte eine Gesprächspartnerin.

Donnerstag, 10. Juni

Der Unfall

Bis zum Morgengrauen hatten sich die beiden Freundinnen in Babettes Bett über die Rede der Mutter unterhalten und festgestellt, dass Muttersein vielleicht schöne Seiten habe, sie selbst aber lieber keine Kinder wollten.
Babette verließ früh die Wohnung, gab aber Altschäffel einen Schlüssel und lud sie ein, abends ausführlicher einige Dinge zu besprechen: „Damenabend!"
Während des Tages hörte Altschäffel mehrmals von einem Unfall, kümmerte sich aber nicht weiter darum. Ein Auto sei auf gerader Strecke an einen Baum gerast. Der Beifahrer muss aus dem Wagen in den Straßengraben geschleudert worden sein und liege schwer verletzt auf der Intensivstation. Der Fahrer sei flüchtig. Eine Fahndung sei ausgeschrieben. Die Unfallstelle war weiträumig ohne Ergebnis abgesucht worden.
Am frühen Nachmittag kam der Kollege, der den Unfall bearbeitete, zu Altschäffel und übergab ihr einen Aktenkoffer: „Kollegin, schau doch mal rein. Ich glaub, das ist etwas für dich. Das lag im Gebüsch in der Nähe des Beifahrers. Der Fahrer muss gleich weitergefahren sein."
Altschäffel unterbrach ihre Arbeit und öffnete den Aktenkoffer. Sie zog einen Karton mit dem Titel „Künstlerische Akte" aus der Tasche und öffnete ihn. Es lag ein Stoß von Fotografien in ihm. Die Aufnahmen beeindruckten Altschäffel durch den Kontrast von Schwarz und Weiß und den Formen, die mit verschiedenen Grautönen gebildet wurden. Mit wachsender Empörung erkannte sie die Konturen nackter Kinder. Zwar schien sich jemand bemüht zu haben, diesen Kinderkörpern mit einem Grauschleier eine mystische Dimension zuzuschreiben, aber das Posieren zeigte andere Interessen des Fotografen: Geld durch „künstlerische" Verpackung der verbotenen Kinderpornografie zu verdienen. So konnten sich die Käufer von einem schlechten Gewissen befreien. Sie kauften Kunst, nicht Pornografie! Leicht ist das zu durchschauen, aber wahrscheinlich erfolgreich.
Beim Verstauen der Bilder fiel ein Zettel zu Boden. Auf dem kalligrafisch gestalteten Papier war zu lesen:

Das Schöne, das Gute, das Nackte

Oder

Der Weg zur Vollkommenheit

von Isi Sauberke

Wie kommen wir auf die Welt?
Nackt, ohne Kleidung,
ohne Verstellung, ohne Versteck.
Das ist Ehrlichkeit.

Wie sieht ein denkender Mensch aus?
Schön, er kennt die Ausgewogenheit,
das Maß und die Herzensbildung.
Das ist Menschenwürde.

Wer kümmert sich um
Menschen in Not?
Der Gute, er fühlt mit anderen Menschen,
er bekennt sich zu ihnen, er opfert sich auf.
Das ist Menschenliebe.

Wo findet man das alles?
Bei den Kindern in ihren unschuldigen Körpern.
In ihnen lebt das Paradies.

Anfangsgebet zur Ausstellungseröffnung
im Hotel „Zum Rosengarten" in Lilienthal

Thema der Ausstellung:
Die humane Perfektion

Das Gespräch mit Babette über die Fotos dauerte nicht lange. Auch Babette gestand den Fotografien eine besondere Wirkung zu. „Aber nur auf den ersten Blick. Erkennt man die Kinderkörper, so stößt einen ihr Posieren ab. Was sind das für Bilder?“
„Sie wurden in der Nähe des Unfallorts von Brenneisen gefunden.“
„Haben sie etwas mit dem Unfall zu tun?“
„Schau auf die Rückseite der Fotos“, forderte Altschäffel Babette auf.
„Da ist Fafnir, der Drache, wie auf der Anstecknadel von Tobias. Ganz winzig, kaum erkennbar. Das bewundere ich an dir. Ich hätte nur die Vorderseite kopiert.“
Altschäffel lachte und erzählte ihre nächtliche Begegnung mit den beiden Bildertransporteuren.
„Jedenfalls merkwürdige Bilder. Ich stelle mir die Käufer solcher Kunstprodukte als vornehme ältere Herren vor, die ihr eigentliches Interesse verschleiern wollen.“
Damit beendete Altschäffel das Thema und holte ein Kuvert aus ihrer Tasche.
„Hier, für uns!“
Babette las laut und langsam vor: „Spa-Kurz-Trip nach Bad Quietana: Luxus! Luxus! Luxus! Und das schon morgen.“

Menschen

Niemand kannte die Stadt so gut wie Lily; nicht nur die Straßennamen und die Häuser, sondern auch deren Bewohner und ihre Geschichten. Sie verfügte über die „wirklichen Geschichtskenntnisse“ jenseits der geschönten Fassade. Ihr Gedächtnis war phänomenal, ihre Verschwiegenheit zuverlässig.

Den Sammler hatte sie gern. Immer wieder trafen sie sich auf der Straße und unterhielten sich über Aufeld und seine Bewohner. Lily hatte sich am Montag wieder einmal mit Sammler über die Menschen in der Stadt unterhalten.
„Die Altschäffel sorgte schon in der Schule für Ordnung. Sie stauchte die Jungens zusammen, wenn sie mir nachriefen: ‚Die spinnerte Lily macht pillipilli‘. Sie konnte sich das erlauben, weil sie sich gegen Schulkameraden auch körperlich durchsetzen konnte. Mit schrillen Schreien fiel sie über einen Rauflustigen her und schlug, biss und kratzte, was das Zeug hielt. Ein patentes Mädel.
Der jetzige Bürgermeister war schon als Junge ein Angeber und Wichtigtuer. Wollte immer was Besseres sein. Als Vorsitzender der Jugendgruppe seiner Partei drängte er sich so vor, dass er häufiger in der Zeitung stand als der alte Pfarrer. Immer im Mittelpunkt, das war Berger. Brenneisen hat nicht einmal die Volksschulreife. Dabei ist er intelligent genug. Aber statt guter Noten hatte er schon als Schüler mehr Geld als die anderen. Woher, das wusste keiner; die Eltern waren arm. Die lebenslustige Babette suchte Vergnügen, wo und wie sie nur konnte. Dann hatte die Mutter einen Autounfall: querschnittsgelähmt, Rollstuhl. Bis zu ihrem Tod vor sechs,

sieben Jahren pflegte sie sie. Der Mann und Vater war ‚unbekannt verzogen'. Der Herr Lehrer Leiderer wollte immer Musterschüler sein, aber es gelang ihm nie. Vielleicht ist er ja als Lehrer der Klügste in der Klasse. Seine Frau sagt ihm zu Hause, was er tun soll. Sie war mal evangelisch und konvertierte zum Katholizismus. Jeden Tag pilgert sie zur Kirche und betet. Sie glaubt alles, was die Kirche sagt."

Sammler hatte Vertrauen zu Lily und erzählte ihr von seinem Problem. Dass ihn ein Junge verspottet habe, er ihn verprügeln wollte, was aber vom Gericht als Vergerwaltigungsversuch missdeutet wurde: vier Jahre Gefängnis. Die Bergers würden eine Hetzkampagne gegen ihn führen. Er habe Angst, dass er bald in Untersuchungshaft käme. Das könne er nicht mehr. Er würde lieber nach Südamerika in den Urwald fliehen als hier ins Gefängnis zu kommen. Da hatte ihm Lily angeboten, ihn bei sich zu verstecken, bis der Mord aufgeklärt sei. „Bei mir sucht dich niemand. Ich bin sakrosankt! Außerdem kann man sich in den vollgestellten Räumen gut verstecken." Sammler war glücklich und fühlte sich sicher.

Er gelangte unerkannt zur Wohnung von Lily und richtete sich dort ein.

Beim Frühstück am nächsten Morgen fragte Sammler: „Warum nimmst du den Mord an Tobias so schwer?"

„Das ist klar. Ein Mord an einem Kind ist das schlimmste Verbrechen. Und wenn man es kennt, betrifft einen das noch mehr.

Aber es kommt noch etwas dazu. Bei dem Zugunglück erlebte ich, wie der Junge, der neben mir eingeklemmt war, starb. Jeden Schrei, jede Bewegung bekam ich mit, sein schreckliches Jammern „Mama, Mama". Jedes Mal, wenn ich von dem Tod eines Kindes höre, überfällt mich eine Wut, eine grenzenlose Wut. Sie bläht mich bis zur Schmerzgrenze auf, ich möchte explodieren und meine ganze Umgebung vernichten. Ich möchte diesen Druck loswerden, einfach nur loswerden."

„Ich habe gespürt, dass du dich nicht wohlfühlst. Ich kann

dich gut verstehen. Diese Wut im Bauch habe ich auch manchmal. Du siehst Ungerechtigkeiten und kannst nichts dagegen tun. Du bist den Menschen auf Gedeih und Verderb ausgeliefert. Ohnmacht ist die Schwester der Wut."
„Wut, ja, Wut und Verzweiflung." Lily holte aus einer Schublade ein altes Schulheft: „Lies es, bitte."
Die Seiten waren in kindlicher Druckschrift vollgeschrieben.

Lily Unfried: Mein Tagebuch

15. Oktober 1955
Heute beginne ich mit meinem Tagebuch. Es ist ein besonderer Tag. Vati ist aus Russland gekommen. Ich habe jetzt genauso einen Vati wie Inge.

16. Oktober 1955
Vati hat noch kein Wort zu mir gesagt. Aber ich freue mich, dass ich einen Vati habe. Er kommt aus dem Krieg.

17. Oktober 1955
Vati kommt nicht aus dem Krieg, sagt Mutti, er kommt aus Russland. Er hat zu mir immer noch nichts gesagt. Vielleicht macht man das in Russland so.

18. Oktober 1955
In der Schule fragte mich der Lehrer, ob der Mann meiner Mutter aus Russland gekommen ist. Ich sagte: Ja. Er sagte: Da musst du sehr brav sein. Er hat viel durchgemacht. Ich fragte: Was? Er sagte: Das verstehst du noch nicht. Aber sei lieb zu ihm. Das möchte ich doch auch. Aber wenn ich 'Guten Morgen' sage, antwortet er nicht. Er hat noch nie mit mir gesprochen.

20. Oktober 1955
Heute hat Mutti sich ganz arg in der Küche gestoßen, im Gesicht. Ihr ist das Geschirr hinuntergefallen. Beim Aufheben ist sie mit dem Kopf gegen die Tischkante geknallt, hat sie gesagt. Auch an den Armen hatte sie blaue Flecke. Woher kommen die?

22. Oktober 1955
Heute hat mein Vati zu mir etwas gesagt: amerikanischer Bastard. Ich habe in einem Lexikon nachgeschaut. Das bedeutet ein uneheliches Kind. Aber ich habe doch Vati und Mutti. Aber warum amerikanischer?

26. Oktober 1955
Heute hat Vati mir eine Ohrfeige gegeben, weil ich zu laut war. Auch Mutti bekommt viele Ohrfeigen, weil sie etwas falsch macht. Aber wir bemühen uns so, alles richtig zu machen. Wir lieben unseren Vati.
2. November 1955
Wir brauchen keinen Vati. Ich muss ab jetzt in der Küche schlafen. Mutti hat mich nie geschlagen.
4. November 1955
Ich durfte nicht zur Schule gehen.
5. November 1955
Vati hat mir verboten, zur Schule zu gehen. Die Schmerzen kann ich aushalten. Aber ich würde mich schämen wegen der blauen Flecken.
10. November 1955
Ich hatte hohes Fieber. Mutti wollte den Arzt holen. Vati hat es verboten.
11. November 1955
Ich liege immer noch im Bett.
22. November 1955
Endlich wieder in der Schule. Ich will gar nicht nach Hause gehen.
24. November 1955
Vati war betrunken. Es war schrecklich. Mutti liegt heute im Bett.
25. November 1955
Mutti liegt immer noch im Bett. Sie sagt mir nicht, was sie hat. Sie hat Schmerzen im Bauch. Ich schreibe ab jetzt nicht mehr Vati, nur der Mann.
29. November 1955
Der Mann hat mich auf den Hintern geschlagen.
30. November 1955
Ich habe Inge gefragt, ob ihr Vater sie auf den Po schlägt. Sie hat gesagt: 'Nein.' Ohrfeigen kriegt sie auch keine.
2.Dezember 1955
Wir haben fast kein Geschirr mehr. Der Mann hat den Küchenschank umgeworfen. Nur ein paar Teller sind heil.
3. Dezember 1955

Mutti darf wieder aus dem Haus gehen.
6. Dezember 1955
Schläge mit der Hand auf den nackten Po. Ich habe geweint, da schlug er nochmal zu.
7. Dezember 1955
Mutti ist im Krankenhaus. Ich bin mit dem Mann allein.
8. Dezember 1955
Ein Mann vom Jugendamt hat uns besucht. Er hat mich gefragt. 'Schlägt der Mann dich?' Ich habe: 'Ja' gesagt.
9. Dezember 1955
Der Mann vom Amt ist wiedergekommen und hat dem Mann gesagt, er darf mich nicht mehr schlagen. Sonst wird er bestraft. Als der Mann vom Amt weg war, hat mich der Mann mit seinem Gürtel geschlagen.
10. Dezember 1955
Ich darf Mutti nicht besuchen und nicht in die Schule gehen. Der Mann ist den ganzen Tag unterwegs. Er hat mich eingesperrt. Ich glaube, er trinkt viel Alkohol. Nachts singt er manchmal Lieder. Da habe ich Angst.
11. Dezember 1955
Wenn ich mich im Badezimmer wasche, ist er immer dabei. Ich geniere mich. Wenn ich mich untenrum nicht säubere, gibt er mir ein Zeichen. Dann muss ich es tun. Er hat noch nie ein Wort mit mir gesprochen. Außer amerikanischer Bastard. Ich verstehe das nicht.
12. Dezember 1955
Ich habe Inge gefragt, ob ihr Vater im Badezimmer ist, wenn sie sich wäscht. Sie hat 'Nein' gesagt. Ich schäme mich so, wenn er mir beim Waschen zuschaut.
13. Dezember 1955
Mutti ist immer noch im Krankenhaus. Ich darf nicht zu ihr.
14. Dezember 1955
Der Mann hat mich gewaschen, überall.
15. Dezember 1955
Der Mann und ich haben Mutti besucht. Sie hat sich im Gesicht gestoßen an einer Tür. Arme Mutti. Wir blieben nicht lange. Was ist mit ihrem Bauch?

17. Dezember 1955
Nachdem er mich gewaschen hat, hat er mich im Badezimmer mit seinem Ledergürtel geschlagen und geschrien: 'Du amerikanischer Bastard!' Ich verstehe nicht, was er meint.
18. Dezember 1955
Der Mann ist nicht da gewesen. Hoffentlich kommt er nie mehr wieder.
19. Dezember 1955
Allein zum Krankenhaus. Mutti kommt zu Weihnachten nicht nach Hause. Ich habe Angst.
20. Dezember 1955
Der Mann vom Amt war da. Wo der Mann ist, wollte er wissen. 'Ich weiß es nicht', habe ich gesagt. Ob ich allein bin, fragte er. 'Ja'. Dann sagte er, er wird jemanden schicken und mich abholen lassen. Es kam niemand. Ich bin gern allein. Ich habe keine Angst.
22. Dezember 1955
War heimlich bei Mutti. Es ging ihr schlecht. Sie weinte viel. Wenn man zu ihr möchte, muss man sich anmelden, dann sperrt jemand die Tür auf und gleich wieder zu.
23. Dezember 1955
Der Mann hat einen anderen Mann mitgebracht. Es liegen überall Flaschen herum. Ich räume sie auf. Am Abend waschen mich beide. Ich geniere mich. Ich habe Angst vor morgen. Ich bin mit den beiden Männern allein.
24. Dezember 1955

Während Sammler das Tagebuch las, saß Lily mit geschlossenen Augen da. Er legte das Heft beiseite: „Was soll ich dazu sagen?“
„Nichts. Mir ist es genug, dass du es gelesen hast. Dass wenigstens ein Mensch mein Schicksal kennt.“

Reinheit

Die Vorfreude auf das Wochenende weckte Altschäffel so früh, dass sie, grübelnd allein am Frühstückstisch sitzend, eine Tasse Kaffee nach der anderen in sich hineinschüttete und ihre ärmlichen Ermittlungserfolge durchdachte.

Der Joker, die Bilder, die Anstecknadel: Gab es da einen Zusammenhang? Berger, Schneider, Brenneisen: Was ist deren gemeinsamer Nenner?

Tobias, Sven, Reinemacher: Warum musste Tobias sterben?

„Ich fange nochmals von vorne an. Sven hat Tobias als Letzter lebendig gesehen, außer dem Mörder. „Zur Familie Leiderer“, entschloss sie sich.

Herzlich war der Empfang durch die Kinder. Die Älteste wollte „Stille Nacht, Heilige Nacht“ auf dem Klavier vorspielen, einer der Jungen schrie „Wo ist die Schokolade?“, der Jüngste rutschte mit seinem Topf den Flur entlang, zwei Mädchen keiften „Das ist mein T-Shirt!“

So lustig ist Familie oder könnte sie sein. Ein bisschen Sehnsucht nach so einem bunten Leben meldete sich bei Altschäffel. Leben wie bei ihrer Oma: Schutzengel, Mütterlein, Fleiß, Sauberkeit, Tisch-, Morgen und Abendgebet, Kirchgang. Daran erinnerte ein auf weißes Tuch in Schwarz gestickter Spruch:

Und es roch katholisch; eine Mischung aus Kerzengeruch, Weihrauchduft und Apfel. So die Erinnerung an ihre Kindheit, als sie in der Sakristei und beim Kirchenschmücken mit ihrer Oma herumwerkelte. Damals hatte sie an den lieben Gott geglaubt. Sie hatte ein superbraves Mädchen sein wollen, wie es Gott haben wollte.

Im Wohnzimmer: deutsche Eichenmöbel-Gemütlichkeit. Man nahm auf dem altersschwachen Oma-Plüsch-Sofa Platz, dessen Federn sich tief in bestimmte Körperstellen bohrten.

Gut kopierte Bilder verkündeten das Lob der alten, goldenen Zeit. „Maria mit dem Kinde“ von Cranach, Dürers „Adam und Eva“ und „Der Mönch am Meer“ von Caspar David Friedrich.

Herr Leiderer kam ins Wohnzimmer: „Grüß Gott, Frau Altschäffel. Sie sind uns herzlich willkommen. Wir unterstützen Sie in jeder Hinsicht. Warum kommen Sie heute zu uns? Wir haben alles getan und gesagt, was zu sagen war."
„Es ist nur eine Kleinigkeit; ich kann nur etwas nicht richtig einschätzen." Sie habe bei ihrem letzten Besuch so nebenbei mitbekommen, dass die Ministranten zu einem Treffen Badetücher mitnehmen sollten. Sie könne sich das nicht vorstellen, wozu man zum Ministrieren Badetücher brauche.
Davon wisse er nichts, aber das sei angesichts eines Mordes eine Nebensächlichkeit. Aber sie, Altschäffel, könne ja seine Frau fragen. Er holte sie. Diese erklärte, es handle sich um kein Badetuch, sondern um ein Handtuch. Was sei falsch daran? Der neue Pfarrer lege Wert auf Sauberkeit. Wer äußerlich auf Sauberkeit achte, würde das auch bei seiner Seele machen. Reinlichkeit im Denken, Fühlen und Handeln sei das Glück für die Seele. Sie müsse wieder zu den Kindern. „Gott befohlen!"
Der Hausherr bekannte, dass sie eine gläubige katholische Familie seien, nicht nur so „Weihnachtschristen". Da spiele die Reinheit des Herzens eine wichtige Rolle. Sie würde durch die Reinheit des Körpers und der Gedanken unterstützt. Gerade das Sextum sei bei Jungen problematisch, darin unterscheide sich der wahre Christ vom falschen Christen. „Er widersteht dem Teufel zwischen den Beinen."
Altschäffel hatte sich alles aufmerksam angehört: „Bevor ich Sie verlasse, erlauben Sie mir, dass ich mir Svens Zimmer anschaue."
„Was soll nun das?"
„Wissen Sie, ich habe keine Kinder. Ich möchte so ein Zimmer sehen, wie es Kinder von heute gestalten."
Herr Leiderer führte sie zu dem winzigen Zimmer, das Sven, als Ältester, allein bewohnte.
Der Vater nörgelte herum, dass das Zimmer nicht aufgeräumt sei, alles durcheinander liege, überall sich Schlamperei

zeige und sittliche Verwahrlosung, die man bekämpfen müsse durch das Gebet. Die Haustürklingel stoppte die Schimpfkanonade.

„Das muss Pfarrer Reinemacher sein“, sagte Leiderer und ging zur Haustür.

Altschäffel war allein im Zimmer. Die winzige Hoffnung, sie würde Hinweise auf den Mord finden, veranlasste sie, die Sekunden des Alleinseins zur Suche eines eventuellen Hinweises auf den Mord zu nutzen.

Das Zimmer: einfache Ausstattung, aber immerhin IKEA-Möbel. Auf dem Schreibtisch ein etwa 40 cm hoher unbekleideter Engel, darüber ein großes Bild, auf dem unter der Überschrift „Engerlchor im Himmel“- zig nackte Engel musizierten und jubilierten.

In der Schreibtischschublade? Albern, aber nachschauen. Nichts. Unterm Kopfkissen? Nicht besser. Unter der Matratze? Oh, mit zehn schon diese Sachen? Die Kontrolle der Eltern ist nicht perfekt. Auch nicht sicher. In Büchern? „Dahinein hätte ich Geheimnisse gesteckt“ dachte sich Altschäffel. Videospiele? Nichts. So etwas Altmodisches: ein Set Briefpapier mit Umschlägen. Zartes Blümchenmuster. Wer schreibt heute noch einen Brief? Kinder twittern oder tippen eine E-Mail in den Computer!

Leiderer kam ins Zimmer, als Altschäffel das Set geöffnet hatte: „Was machen ...“

„Das ist ja wunderschönes Briefpapier. Schreibt Sven gern?“

„Nein, nur nach Druck von uns. Ist von seiner Oma. Da muss er schreiben, sonst gibt es kein Geld. Aber wenn es Ihnen gefällt, nehmen Sie es mit. Sven ist sicher froh, wenn es weg ist. Er telefoniert lieber. Jetzt muss ich Sie aber hinauswerfen. Wir haben Besuch.“ Die Kommissarin nahm das Briefpapier-Set mit.

Reinemacher wartete im Wohnzimmer und stand vor einem Lesepult, auf dem aufgeschlagen eine alte Bibel lag.

„Ach, Herr Pfarrer. Guten Tag, wir begegnen uns zurzeit

häufiger, zu jeder Tages- und Nachtzeit."
„Grüß Gott, Frau Altschäffel, im Auftrag Gottes ist nichts zu viel."
„Aber da ich Sie treffe, können Sie mir Fragen beantworten? Ich habe Sie gestern mit Brenneisen wegfahren gesehen. Haben Sie den Unfall miterlebt?"
„Glauben Sie, ich stünde dann so wohlbehalten vor Ihnen?"
„Und Ihr blaues Auge?"
„Eine Schranktür. Auch Priester sind verletzbar."
„Und ihr Freund Brenneisen?"
„Er ist nicht mein Freund, aber er tut mir wirklich leid. Wenn wir nur die Bilder hätten. Sie sind von grandioser Schönheit und sehr wertvoll, nein, unbezahlbar."
„Wo waren Sie denn zur Zeit des Unfalls?"
„Wir sind zur Kirche gefahren, um weitere Bilder für eine Ausstellung aufzuladen. Und dann ging ich nach Hause. Gott schützt die, die ihm wertvoll sind."
„Wohin sollten die Bilder kommen?"
„Zur Ausstellung im Kulturhaus nach Brünnle."
„Wie ist der Titel der Ausstellung?"
„Die Bibel – Wort und Bild."
„Vielleicht treffen wir uns dort", konnte sich die Kommissarin nicht verkneifen.
„In Ewigkeit. Amen."
Altschäffel fragte Leiderer: „Wann kommt Sven nach Hause?"
„Das muss der Herr Pfarrer wissen. Sven hatte ja heute die erste Probe für das Hochamt."
„Vor einer halben Stunde hat er die Kirche verlassen", informierte Reinemacher die Anwesenden. Altschäffel verabschiedete sich.
Im Büro wählte sie die Telefonnummer des Bischöflichen Ordinariats. Sie bat um Vermittlung zu dem für die Kirchengemeinde Aufeld zuständigen Abteilungsleiter, also dem Vorgesetzten von Herrn Reinemacher. Die mürrische Telefondame verband sie mit der Personalabteilung, wo sich ein Herr

Fedfuchser meldete: „Hier bin ich. Gelobt sei Jesus Christus!"
Von so viel christlichen Humors überwältigt stammelte die Kommissarin etwas zusammen, was der Fedfuchser wieder ins Lustige drehte: „Sie können von mir natürlich Auskünfte über das Personal der Kirche haben, die dann aber falsch sind. Richtige kann ich einer unbekannten Person nicht geben, nur weil sie sich als Kriminalkommissarin vorstellt. Die göttliche Weisheit hat für solche Fälle die Schriftlichkeit in die Bürokratie eingeführt. Deshalb liegt ja auch die Bibel vor. Also schicken Sie mir eine schriftliche Anfrage auf dem Dienstweg. Ich antworte gerne. Der Herr sei mit Ihnen."
Die Ausstellungsleitung in Brünnle anrufen, ob die Bilder zur Ausstellung „Die Bibel – Wort und Bild" angekommen seien. Es gebe weder eine Ausstellung mit diesem Titel noch seien Bilder angekommen noch kenne man einen Pfarrer Reinemacher, lautete die Auskunft.

Samstag, 12. Juni

All inclusive

Diese Ungereimtheiten in Reinemachers Erklärungen wollte Altschäffel noch vor dem Erholungswochenende klären. Als sie zum Pfarrhaus ging, war Reinemacher nicht da. Der ungestörte Genuss des Lebens konnte frühzeitig anfangen. Für die Fahrt nach Bad Quietana nahmen sie den Mini-Cooper Altschäffels und starteten ausgelassen in das Wohlfühlwochenende. Sie neckten sich gegenseitig, spotteten über gemeinsame Bekannte, winkten Fremden vom Auto heraus übertrieben freundlich zu. Vor lauter Lustigkeit und Albereien brauchten sie zum Anlegen der Abendgarderobe eine halbe Stunde: Dinner im Hotel mit Dresscode semi-formal: Yvonne im schwarzen Hosenanzug à la Marlene Dietrich, Babette: blaues Petticoat-Kleid mit weißen Punkten.
Die zwei Erholungslustigen lösten beim Betreten des Restaurants eine Flüsterwelle aus und ernteten schiefe Blicke der Generation Silberhaar, die die meisten Plätze besetzte. Das Fünf-Gänge-Menü brachten sie kichernd und plaudernd hinter sich, um sich anschließend im Schwimmbad auszutoben und in der Sauna zwei Männer zu beflirten, die, von Hoffnungen erfüllt, die Damen zu ihrem Zimmer begleiteten, aber dann ausgesperrt wurden.
Am nächsten Morgen kauften sie sich für das Special-Dinner am Abend „Feuer und Flamme – alles flambiert" ein neues Outfit: Hosenanzug im Partnerlook verdreht. Yvonne oben schwarz und unten weiß, Babette unten weiß und oben schwarz.
Für die Bildung der Freundinnen sorgte ein Besuch des Klosters Tottenberg, in dessen Kirche sie am Informations-

stand zwei kleine Marienbildchen erwarben. Sie verstauten sie in den Geldbeuteln mit dem Wunsch, Maria möge sie vor einer jungfräulichen Geburt retten. In der Burg der Stadt schlenderten sie durch die Ausstellung „Religion und Macht". Nach so viel Bildung legten sie sich in der Wellnessabteilung auf Massagebänken zum Ganzkörper-Salzpeeling, spülten das Salz im Schwimmbad ab und massierten sich gegenseitig im Bett.

Beim abendlichen Festmenü teilten sie einen Tisch mit einem älteren Ehepaar, das ununterbrochen die Kosten der Skandinavienreise beklagte, den billigen Sommerurlaub auf den Fidschi „wärmstens" empfahl und die Vornehmheit ihrer Wochenenden im wunderbaren Adlon in Berlin pries. Dann gab es den beiden Damen – „Sie sind sicher beide berühmte Künstlerinnen" – Ratschläge, wo sie hunderttausend Euro anlegen müssten und dass ein Sommerhaus an der Ostseeküste große Renditechancen hätte.

Das einzig nennenswerte Erlebnis bei diesem Menü lag darin, dass jeder Gang brennend serviert wurde. Zum Höhepunkt gehörte ein brennender Kellner, der durch ungeschicktes Agieren seinen Anzug, natürlich absichtlich, entzündet hatte und durch die Hausfeuerwehr gerettet wurde. Eine Fünf Mann-Kapelle spielte zum Tanz auf. Nachdem der ältere Tischgenosse Altschäffel zum dritten Mal hintereinander zum Tanz aufforderte, verabschiedeten sich die Freundinnen und gingen etwas ungehalten über die Zeitverschwendung ins Bett.

Als Altschäffel etwas im Koffer suchte, bemerkte sie das Briefpapierset, das sie hatte untersuchen wollen, ob dort vielleicht ein „Geheimnis" zu finden wäre. Tatsächlich fand sie unter einigen Briefen der Oma einen von Tobias an Sven.

Lieber Sven,
du bist mein bester und einziger Freund. Nur dir vertraue ich das Geheimnis an. Du darfst niemandem etwas davon sagen. Versteck den Brief gut.
Gestern sagte Herr Reinemacher zu mir: Wenn du das tust, bringe ich dich um.

Du kennst ihn doch auch gut. Als er vor ein paar Monaten nach Aufeld kam, waren wir begeistert. Er hat was mit uns unternommen. Wir lachten viel mit ihm. Er brachte uns einige Spiele bei. Seine Ausflüge machten Spaß. Er war zu mir freundlich und sagte, ich sei ein intelligenter Bursche.
Du weißt, dass ich gerne Ministrant werden wollte. Herr Reinemacher versprach es mir. Wenn ich Ministrant werden wolle, müsse ich zuerst eine Reinigungskur machen. Diese auszuhalten sei schwer. Äußerste Verschwiegenheit sei das wichtigste Gebot. Wer diese Aufnahmeprüfung durchhalte, gehöre zu den Auserwählten Gottes. Er sei Gehilfe eines Priesters und stünde damit Gott sehr nahe. Ob ich das wolle und ob ich mir das zutraue, fragte er mich. Ich freute mich sehr und bat darum, dass ich das machen dürfe.
Zuerst nahm er meine Hände, seifte sie ein und strich mit seinen Fingern ganz langsam über sie hinweg. „Jetzt wird alles rein, was du berührst." Dann drückte er leicht auf die Augenbrauen. „Jetzt siehst du besser." Dann massierte er die Nase: „Du atmest jetzt ganz reine Luft". Nach einer halben Stunde hatte ich nur noch die Badehose an. Er verlangte von mir, auch die Badehose – na, du weißt schon.
Durfte ich das mit mir geschehen lassen? Was würden meine Eltern dazu sagen? Und du? Würdest du das mit dir machen lassen? Aber er ist doch Priester! Er steht Gott näher als andere Menschen. Er kann nicht sündigen und ich auch nicht.
Nach dieser Salbung umarmte er mich und küsste mich auf beide Wangen und die Stirn. Mir wurde schwindlig. War das eine Sünde gegen das sechste Gebot?
Eine Woche danach sollte ich den zweiten Teil der „Initiation", wie er es nannte, vollziehen. Ich sollte mich bis auf die Badehose ausziehen; er tat das auch. Dann gab er mir die gesegnete Salbe. Ich sollte ihn auch so eincremen, wie er es mir das letzte Mal gemacht hatte. Ich weigerte mich zuerst. Ich traute mich nicht. Aber er drängte mich, und so cremte ich ihn ein ... So eine Vertrauensstellung hatte ich bei dem be-

deutenden Mann!
Auch nach der zweiten Reinigung durfte ich nicht ministrieren. Er sprach noch von einer dritten und vierten Reinigung, denn auch das Körperinnere sei unrein und müsse für Christus gesäubert werden. Da schrie ich ihn an: „Wenn ich am kommenden Sonntag nicht ministrieren kann, sage ich es meinen Eltern.“ Da packte er mich, riss meine Badehose herunter und schlug auf meinen nackten Hintern ein, bis ich mich befreien konnte. Ich brüllte ihn an: „Ich gehe zur Polizei!“
Da wurde er ganz still und flüsterte mir ins Ohr: „Wenn du das tust, bist du tot. Raus!“
Nach zwei, drei Wochen sprach Herr Reinemacher mich an und meinte, jetzt wäre für die dritte und letzte Prüfung Zeit, das verspreche er mir. Er bestellte mich zu einem Haus, das abseits von Aufeld lag. Ich strampelte mit dem Fahrrad dorthin. Es war das alte Forsthaus. Ich ging hinein und fand nach den Geräuschen den Raum, aus dem ich Menschenstimmen hörte. Als ich eine Zimmertür öffnete, sah ich drei Filmkameras. Drei mir unbekannte Jungen und Mädchen tanzten wie verrückt völlig nackt herum.
Reinemacher führte mich in einen dunklen Raum: ‚Zieh dich ganz aus. Wir machen zuerst Aktstudien. Das ist wie auf einer Kunstakademie.‘
Ich kam in einen großen Saal, dessen Decken ganz aus Glas waren. Auch sonst machten große Fensterflächen den Raum sehr hell. Ich genierte mich schrecklich, als ich sah, dass zehn oder elf Männer mich fotografierten. Noch vier Mädchen und zwei Jungen mussten für die Männer posieren. Ich wollte nur weg.
Während einer Pause schlich ich in den Umkleideraum, zog mich an und pirschte zur Ausgangstür. Ich saß schon auf dem Fahrrad, als mich jemand entdeckte und rief: „Da flieht einer!“ Ich radelte wie ein Besessener los, Reinemacher im Auto hinterdrein. Es gelang mir zu entkommen,

weil ein Bauer mit einem Traktor und einem Anhänger vorbeifuhr. Ich sagte, ich hätte eine Panne mit dem Fahrrad. Er nahm mich und mein Rad mit. Reinemacher traute sich wohl nicht, mir zu folgen, weil er sonst erkannt worden wäre.

Wir tanzten doch nach dem Duschen zu irgendeiner Musik. Ich habe ihn beobachtet, wie er aus den Rückwänden der Duschen Foto- und Filmapparate herausholte. Fotografiert er uns?

Jetzt habe ich Angst, dass er mich umbringt. Wie freute ich mich anfangs, dass er unser Pfarrer wurde. Endlich war da ein Erwachsener, der sich um mich kümmerte. Mein Vater prügelt und verachtet mich, der Pfarrer schlägt und bedroht mich. Und meine Mutter ist herzensgut, aber zu schwach, um mich zu schützen.

Wie soll ich leben?

Sage bitte niemandem etwas.

Ich glaube, dass noch etwas passieren wird.

Lebe wohl. Pass auf dich auf.

Dein Freund Tobias

„Was ist los?“, fragte Babette, als sie aus dem Bad kam. Altschäffel saß bleich und starr da. Sie hielt ihrer Freundin den Brief hin.

Babette kommentierte während der Lektüre den Inhalt mit ausdruckstarken Schimpfwörtern. „So ein Scheißkerl. Was willst du tun?“

„Ich muss Sven aus seinen Klauen retten.“

„Dazu brauchst du den Brief nur den Eltern zu zeigen“, schlug Babette vor.

Den ganzen Abend besprachen sie Altschäffels Möglichkeiten, den Mord aufzuklären und den sexuellen Missbrauch zu verhindern.

Die Nacht über wälzten sie das Problem hin und her.

„Ich weiß nun“, sagte Altschäffel, „was ich mache. Du hast

mir sehr geholfen.“
„Ich habe meistens geschwiegen.“
„Ich liebe dich.“
„Ich liebe dich.“
„Und morgen beginnen wir mit dem Umzug“, sagte Babette „du ziehst zu mir. Meine Wohnung ist fünf Quadratmeter größer.“
„Und in diesen soll ich dann leben?“
„Du kriegst auch etwas vom Bett ab.“ Beide lachten und freuten sich, dass sie sich den länger bestehenden Wunsch zusammenzuleben erfüllten.

W.U.T. Wortliste negativer

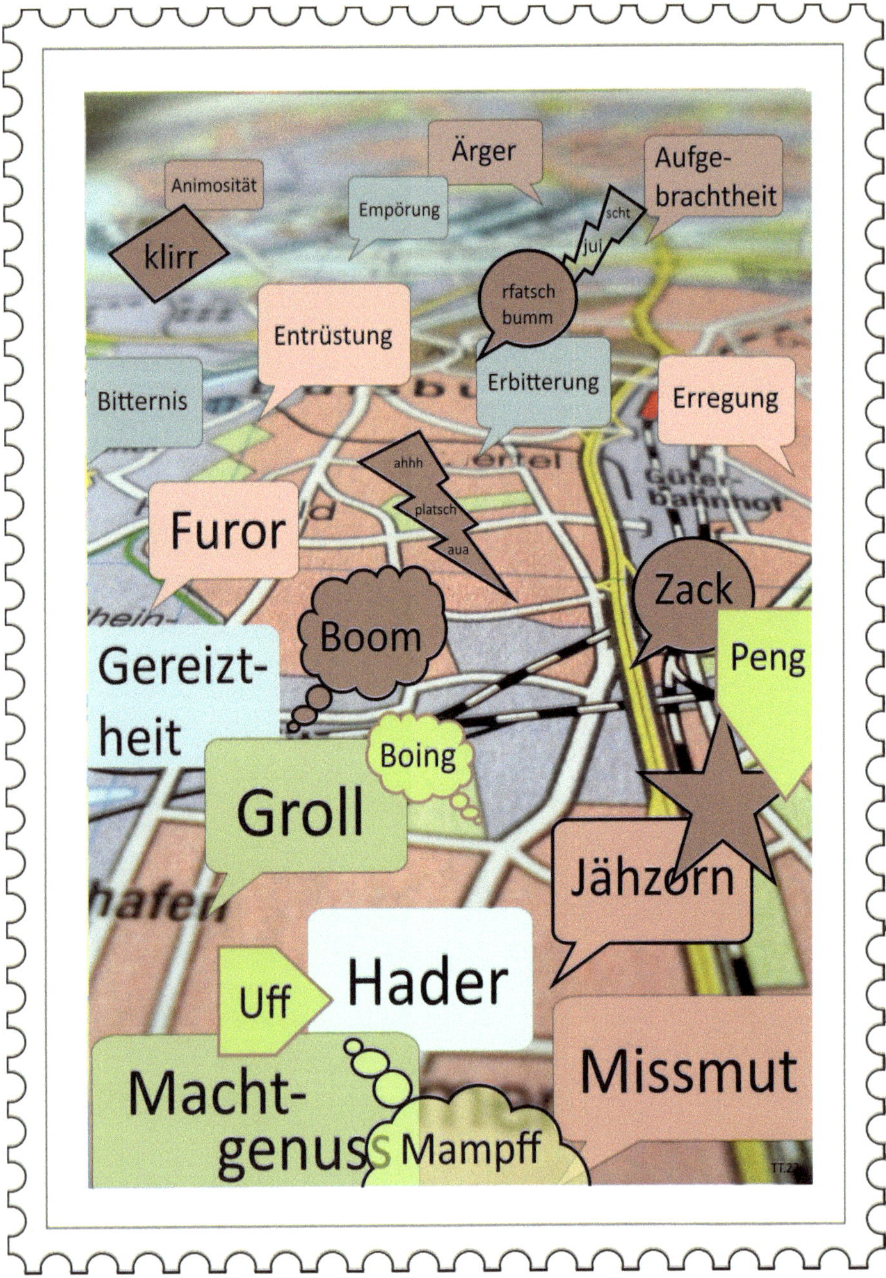

Gefühle

Sonntag, 13. Juni

An der Monau

Gleich nach dem Frühstück traten sie die Flucht vor der hysterischen Sonntagsmorgenfröhlichkeit der Hotelgäste an und fuhren nach Aufeld. Einerseits beseelt von dem Gedanken zusammenzuleben, andererseits wegen des Mords an Tobias bedrückt. In einer Anfangsbegeisterung transportierten sie die wichtigsten Gegenstände aus der Wohnung von Altschäffel zu der von Babette.
Auf einem Entspannungsspaziergang am Nachmittag dominierte wieder der Mord das Gespräch. Sie versuchten, sich in die Position von Tobias einzufühlen. Wie sehr musste er Hilfe von dem neuen Pfarrer erhofft haben? Vom Vater verachtet, geschlagen und lächerlich gemacht, von der Mutter im Stich gelassen: Er mag sich nach einer Vertrauensperson gesehnt haben, stellten sich die Freundinnen vor. Sammler war verständnisvoll, aber gegen die Eltern konnte er nichts machen – und mochte es wohl auch nicht. So hatte er große Hoffnungen auf Reinemacher gesetzt. Er wollte aus seiner Gefangenschaft der immer anwesenden Angst vor dem Vater erlöst werden.
Am Rand der sumpfigen Monauebene erkannte Altschäffel Sven, der, an einen Pfosten des Bus-Wartehäuschens gelehnt, in die Luft starrte.
„Das ist Sven. Ich rede mit ihm, aber allein. Ich komme danach nach Hause." Altschäffel wollte die Gelegenheit nutzen, mit Sven ohne Eltern zu sprechen, was wohl juristisch nicht so ganz korrekt war.
„Jetzt hast du auch einen Schlüssel", verabschiedete sich Babette.

Langsam näherte sich Altschäffel Sven.
Der Junge schaute auf, erkannte die Kommissarin und ging eilig den Weg zum kleinen Hafen am Ufer der Monau.

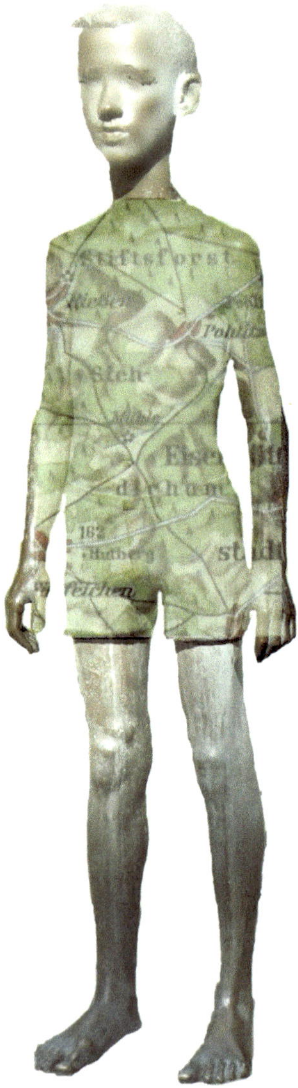

„Hallo, Sven! Warte! Ich will mit dir reden.“ Sie erhöhte ihr Tempo.
Sven ging schneller.
„Halt, Sven, Sven!“ Laut hallte der Name durch die menschenleere Flussebene.
Bei einer Sitzbank hielt er inne und wartete.
„Danke, Sven, dass du gewartet hast. Ich kann nicht so schnell gehen wie du. Ich möchte mit dir reden. Setzen wir uns. Ich muss noch ein paar Minuten verschnaufen. Dann möchte ich dir ein paar Fragen stellen.“
Sven hüllte sich in Schweigen. Altschäffel wartete einige Minuten.
„Also, Sven, du bist sicher traurig, dass du nicht mehr mit Tobias reden kannst. Worüber würdest du dich mit ihm unterhalten wollen?“
„Weiß nicht.“
„Vielleicht über die Probe der Ministranten für das Hochamt am kommenden Sonntag?“
„Nein!“
„Betrifft es vielleicht Pfarrer Reinemacher?“
„Woher wissen Sie das?“
„Ich habe Augen und Ohren ...“
„Nur Gott sieht und hört alles.“
„Dann sieht er auch den Pfarrer Reinemacher und was er tut.“
„Er sagt, er habe eine besondere Beziehung zu Gott.“
In die Dämmerung des Tags hinein erzählte Sven, dass der Pfarrer von Gott zu Außerordentlichem berufen worden sei. Das habe er behauptet. Gott sei ihm unter Blitz und Donner erschienen und habe ihm befohlen, die stärksten und klügsten Jungen und Mädchen aus allen Völkern der Erde zu sammeln, zu prüfen, zu lehren und sie zu „Soldaten des Guten“ zu weihen. Mit Kindern müsse man anfangen, denn sie lernen am schnellsten.
„Wir brauchen euch junge Menschen, denn ihr seid die Zu-

kunft. Ihr habt die Aufgabe, die Menschheit für das Gute zu gewinnen."

Gott habe ihn dazu bestimmt, die Menschen zu erlösen. Die Menschheit sei so tief gesunken in Sünden und Verbrechen, dass er eingreifen müsse. Zum Zeichen, dass er von Gott auserwählt sei, habe ihm dieser auf dem Bauch einen schwarzen Fleck in Form eines Drachen eingebrannt, was furchtbar schmerzhaft gewesen sein muss.

„Hast du den Fleck gesehen?"

„Ja. Ich habe ihn sogar berühren müssen. Der Fleck würde ihm mitteilen, ob jemand geeignet ist oder nicht."

„Und, bist du geeignet?"

„Es gibt bei dieser Auswahl vier Gruppen: Die erste ist sehr geeignet, dann kommt geeignet, bedingt geeignet und ungeeignet. Ich bin bedingt geeignet."

„Bist du schon gereinigt worden?"

„Ja."

„Hast du den Pfarrer schon gereinigt?"

Nach einer längeren Schluchzphase hauchte Sven: „Ich wollte ihn nicht berühren ..."

„Und was geschah dann?"

„Er gab mir ein paar Ohrfeigen und sagte, ich wolle ein Soldat des Guten werden, da müsse ich solche Sachen machen, um meine Tapferkeit und Treue ihm und Gott gegenüber zu beweisen."

Am Freitag habe ihm Reinemacher mitgeteilt, dass er durchgefallen sei und er die Prüfung in einer Woche wiederholen könne.

„Wann ist das?"

„Am kommenden Donnerstag, nachmittags, nach der Ministrantenstunde."

„Sven, ich hätte da noch eine Frage. Wozu braucht ihr ein Badetuch beim Ministrieren?"

„Die Messe ist eine heilige Handlung, da müsse man überall sauber sein. Im Pfarrhaus gibt es einen Raum mit vier Du-

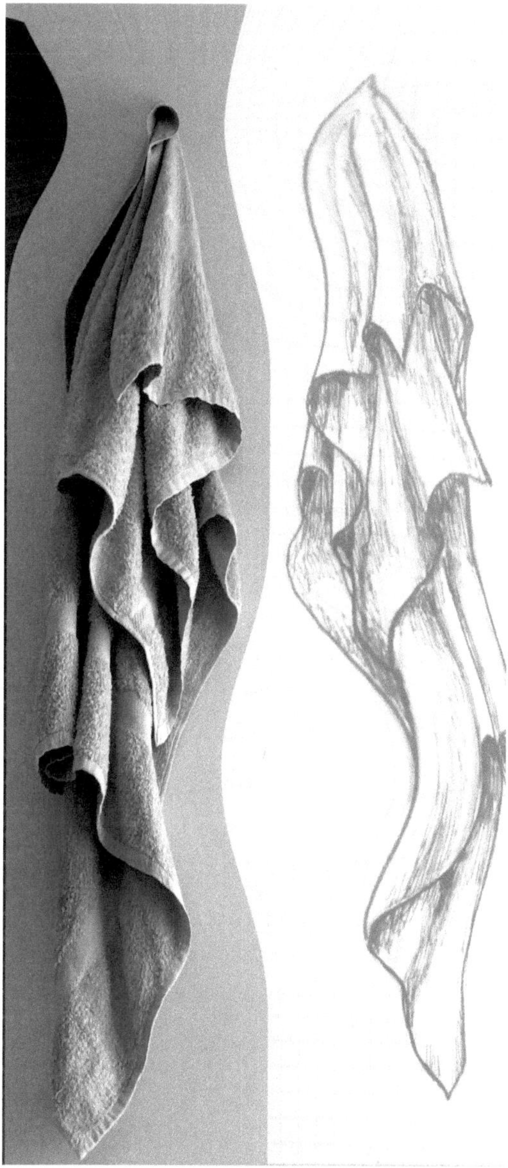

schen. Dort müssen wir uns sauber machen. Dann spielt er über einen Lautsprecher Musik ein und wir sollen danach tanzen. Zur Reinigung. Durch den Tanz würden wir unsere

Sünden abschütteln."
„Wo ist er die ganze Zeit?"
„Weiß nicht. Im Haus irgendwo."
„Hast du gesehen, dass Reinemacher in den Duschräumen fotografierte?"
Sven lachte. „Er fotografiert immer. Er nervt damit. Ständig fummelt er an einem Apparat herum. Wir müssen uns gruppieren oder irgendetwas tun."
„Tobias schreibt, er hätte gesehen, wie Reinemacher Kameras aus den Rückwänden der Duschen genommen hätte."
„Habe ich nicht gesehen."
„Soll ich dich nach Hause bringen?"
„Nein, danke. Ich darf bis fünf Uhr bleiben. Ich habe noch eine Stunde Zeit. Aber, bitte, erzählen Sie meinen Eltern nichts davon."
„Das kann ich dir nicht versprechen. Ich bin dazu da, solche Sachen, wie du sie berichtet hast, zu verhindern.
„Kannst du mir die Namen der Ministranten aufschreiben, die die Prüfung machen wollen?"
Sie gab Sven einen Zettel und Bleistift und er schrieb drei Adressen auf.
Er hatte es eilig, wegzukommen: „Danke!", rief Sven und lief eilig flussabwärts.
Er will wohl nicht mit mir gesehen werden, dachte Altschäffel. Hatte er Angst, als „Verräter" behandelt zu werden?"

Der Kinderfreund

Altschäffel kämpfte gegen Gefühle an, die der Brief von Tobias und der Bericht von Sven ausgelöst hatten. Sie versuchte, die professionelle Distanz wiederzugewinnen. Es könnten auch Erfindungen sein; auch das sei schon vorgekommen. Wie auch immer, sie schlug den Weg zum Pfarrhaus ein.

Reinemacher residierte in einer Backsteinvilla aus dem ausgehenden neunzehnten Jahrhundert. Sie lag in der Nähe des Friedhofs, mit dem sie ein Sandweg verband. Eine zwei Meter hohe Mauer schützte vor den Blicken Neugieriger. Ein Wall von Grünpflanzen unterstrich die Wirkung der Anlage als Festung. Das Gebäude sah eher einem verwunschenen Schloss gleich als der Verwaltungsstelle einer Pfarrei.

Altschäffel drückte auf den Klingelknopf und löste damit die Melodie von „Maria zu Ehren!" aus. Nach geraumer Zeit erschien eine knochig-magere Frau mit stechendem Blick und scharfer Stimme, Schwester Agnes. Sie ließ Altschäffel ein und begab sich hinter ein Stehpult mit den Gästeeintragungen.

„Wen darf ich melden?"

„Yvonne Altschäffel."

„Beruf?"

„Kriminalkommissarin."

„Kri-mi-nal-komm - zwei M?", fragte Schwester Agnes, „dann ein i und zwei s –"

„Zwei s und arin."

„Wohnhaft?"

„In Aufeld, Gottesacker 66."

„Anliegen?"

„Dienstgeheimnis."

„Bevor ich Sie hereinlasse, muss ich Ihr Anliegen hier hineinschreiben."
„Schreiben Sie: Waschzwang."
Ohne auf Schwester Agnes Rücksicht zu nehmen, marschierte die Kriminalkommissarin den Flur entlang und öffnete eine Tür zu einem Zimmer, aus dem Stimmen herausdrangen.
„Ah, Sie sind es ... Frau Altschäffel, ich habe mir Ihren Namen gemerkt. Darf ich noch mein Abendessen beenden? Der Fernseher wird hiermit zum Schweigen verurteilt." Reinemacher bot ihr mit einer Geste einen Platz auf dem Sofa an und die so lässig Eingeladene setzte sich.
Schwester Agnes brachte eine Kanne Kaffee herein, holte ein Tasse für Altschäffel, schenkte ein und verließ die beiden, nicht ohne der Kommissarin einen giftigen Blick zuzuwerfen.
„So, jetzt noch das Brot. Dann stehe ich zu Ihrer Verfügung."
Während sie ihn beim Essen beobachtete, dachte sie an die beiden Jungen und ihre Erlebnisse.
Dann studierte sie Reinmachers Erscheinung, während er in seinem Wurstsalat herumstocherte: Seine schwarzen Haare verlockten zum Kraulen. Hinter der breiten Stirn mochte wohl hohe Geistigkeit herrschen. Die feminine Mundpartie: ein Kussmund. Eigentlich gutaussehend, aber Altschäffel spürte in sich eine große Aversion gegen diesen Schönling.
Er beendete sein Abendbrot und wandte seine Aufmerksamkeit der Besucherin zu.
„Was wollen Sie von mir wissen, dafür sind Sie doch gekommen?"
„Im Zusammenhang mit dem Tod von Tobias untersuchen wir natürlich auch seinen ganzen Lebensumkreis wie Freunde, Verwandte, Mitschüler, Lehrer ..."
„Und damit auch den Pfarrer."
„So ist es."
„Pfarrer sind heutigentags sowieso auf diesem Gebiet besonders verdächtig."

„Nicht verdächtiger als andere Menschen."
„Das beruhigt mich ja. Fragen Sie."
Altschäffel begann das Verhör.: „Wie alt sind Sie?"
„Dreiunddreißig."
„Wo sind Sie geboren?
„In Meyrein. Studiert habe ich in Sonnenau, Theologie. Nach der Priesterweihe bewarb ich mich für eine Stelle in Urkai und bekam sie."
„Sicherlich ein interessanter Job."
„Nicht Job, Aufgabe, Aufopferung. Was glauben Sie, unter welchen Umständen ich dort leben musste. Zur Unterstützung von zwei Waisenhäusern. Im Auftrag der katholischen Kirche. Ich nehme meine Priesterschaft ernst. Und jetzt bin ich seit Januar hier. Es gefällt mir hier gut. Vor allem die Kirche mit den Glasfenstern zeigt, dass in Aufeld religiöser Geist wirkt. Ich liebe diese Fenster mit ihrer abstrakten Buntheit, in die ich immer tanzende Menschen hineininterpretiere. Mit meinen Schützlingen übe ich meditativen Tanz. Der Körper vermittelt ein Gefühl für das gute Leben."
„Aber hat nicht die Kirche beinahe zwei Jahrtausende den Körper als Quelle für Sünden bekämpft?"
„Zu Unrecht. Schließlich ist Gott in Form von Christus in einen Körper geschlüpft. Der Körper ist der einzige Weg zu Gott."
„Aber lehrt nicht die Kirche, der Körper würde den Geist, die Seele geradezu hindern, zu Gott zu gelangen?"
„Das war im Mittelalter so. Auch heute halten viele Menschen an dieser Sichtweise aus Gewohnheit fest, aber deshalb muss sie nicht richtig sein."
„Bedeutet es dann, dass ein Geschlechtsverkehr Gottesdienst ist?"
„Aber ja, er ist die Bestätigung der Schöpfung. Deshalb galt der eheliche Geschlechtsverkehr im Mittelalter als rein, wenn er mit der Absicht vollzogen worden ist, ein Kind zu zeugen, wie Gott die Menschen gezeugt hat."

Altschäffel lenkte das Gespräch auf das Gebäude, das ja als repräsentativer Wohnsitz eines Fabrikbesitzers der Kirche als Erbe zugefallen sei und als architektonische Besonderheit von Aufeld genannt werde. Reinemacher bot eine Führung durch das Gebäude an, was Altschäffel gerne annahm. Er schilderte kenntnisreich manche Besonderheit des Gebäudes, der „Burg des Kapitals“, wie ein Heimathistoriker diese Villa genannt hatte.
Wie er denn die Ministranten betreue, wollte sie wissen.
Dafür sei ein kleiner Anbau mit Aufenthaltsraum, drei Schlafgelegenheiten und Duschen errichtet worden, mit direktem Übergang zur Kirche. Altschäffel hörte den Ausführungen Reinemachers zur Auswahl und Ausbildung der Ministranten ruhig zu: „Die interessierten Kinder suche ich aus. Dabei spielt eine Rolle, ob sie und ihre Eltern aktive Kirchgänger sind, sich in der Gemeinde engagieren und Glaubensstärke besitzen. Die Mädchen und Jungen müssen zur Prüfung einen Aufsatz schreiben. Ein Beispiel: Welche Gründe sprechen für die Ohrenbeichte.“
„Gibt es auch Untersuchungen der nackten Kinder?“ Scharf formulierte Altschäffel diese Frage.
Reinemacher sprang auf: „Was erlauben Sie sich. Das ist eine Unverschämtheit. Ich beschwere mich bei Ihrem Vorgesetzten. Unglaublich.“
„Sie haben doch auch Duschen einbauen lassen. Man duscht normalerweise nackt.“
„Hier haben sie Badeanzüge dabei.“
„Mir liegt ein Brief vor, in dem das Gegenteil behauptet wird.“
Altschäffel zog Tobias‘ Brief aus der Tasche.
„Lesen Sie, bitte.“
Während des Lesens lachte der Pfarrer mehrmals laut auf, so, als würde er einen Witz lesen. Als er die Lektüre beendet hatte, meinte er, Sie, Frau Altschäffel, hätte wohl wenig Erfahrungen mit Jugendlichen. An jeder weiterführenden

Schule kenne man solche Briefe. Man müsse die Kinder verstehen, dass sie ihre Fantasie ausleben wollen. So verfallen sie auf das Schreiben solcher Briefe, Tagebücher oder anonymer Anzeigen. Sie müsse das doch wissen. Also wirklich. Man müsse den Brief auch kritisch lesen, Fragen stellen und beantworten: An wen ist er gerichtet? Was will der Schreiber erreichen? Ist Geschriebenes „wahr“? Es tue ihm leid, das sagen zu müssen, aber wenn man ihm so primitiv komme, habe er die richtigen Antworten parat.

„Nur: Tobias ist tot. Er beschuldigt Sie der Morddrohung.“

„Wenn Sie nicht mehr haben als einen Fetzen Papier, dann Gnade ihnen Gott.“

Altschäffel holte ein Bild aus ihrer Aktentasche:„Kennen Sie die Person auf dem Bild?“ Sie zeigte ihm das Bild von Tobias.

„Nein, nie gesehen. Sind solche Fotos erlaubt? Wollen Sie mich testen, ob ich nicht doch – nein, mich erregen solche Bilder eines Jungenkörpers nicht. Es scheint mir etwas ...“

„Pornografisch?“, half Altschäffel nach.

„Mehr künstlerisch-erotisch. Der Körper ist durch Beleuchtung und Bearbeitung in Grundformen herausgestellt. Ich bin der Meinung, dass solche Bilder, auch dieses, unter die Freiheit der Kunst fällt. Da hat die Polizei nichts zu suchen. Nicht in einer Demokratie.“

„Herr Reinemacher, das werden Richter entscheiden. Auch die Art, wie die Fotos zustande kamen, muss ja untersucht werden. Bei solchen Fotos muss die Genehmigung der Eltern vorliegen.“

„Das kann mir egal sein, ich habe es schließlich nicht gemacht.“ Reinemacher grinste sie an.

„Sind Sie da sicher? Kennen Sie den Jungen auf dem Bild?“

„Nein, es ist ja nur das Schwarz zu sehen. Soll es den Teufel darstellen?“

„Es ist Tobias Berger, Ihr Ministrant.“

„Ach, Tobias. Nein. Woran soll man das erkennen können?“

„Hier ist ein Muttermal.“

„Frau Altschäffel, sie probieren schon wieder, mich hereinzulegen. Woher soll ich das Muttermal an dieser Stelle kennen? Ich schau ihn mir doch nicht nackt an."
„Und was geschieht beim Duschen?"
„Ich bin nicht anwesend, wenn sie duschen."
„Und was ist mit den Bildern, die Sie heimlich in den Duschräumen aufnehmen?" Ihr Ton wurde schärfer.
Der Pfarrer antwortete kichernd: „Sie blamieren sich zum Fremdschämen. Fällt Ihnen noch ein, dass ich einen Folterkeller habe?"
„Wie viele solcher Bilder besitzen Sie?"
„Sie beharren auf ihren Ungezogenheiten. Ich besitze weder solche Bilder noch habe ich solche Fotografien gemacht. Raus! Raus! Wenn Sie nicht gehen ..."
„... rufen Sie die Polizei? Ich bleibe, bis ich alle Antworten auf meine Fragen habe. Haben Sie den Unfallwagen gefahren? Haben Sie Tobias zu sexuellen Handlungen gezwungen? Haben sie Fotografien von nackten Kindern in der Dusche gemacht? Welche Bilder haben Sie transportiert?"
„Frechheiten sind das. Ohne glaubwürdige Beweise beschuldigen Sie mich, ich hätte meine Ministranten und Ministrantinnen sexuell irgendwie falsch behandelt. Oder hätte Nacktfotos von von ihnen gemacht oder was weiß ich, was ich noch getan haben soll." Reinemacher sprang auf: „Nein, nein, nein, ich rede nicht mehr mit Ihnen ohne einen Anwalt."
Altschäffel unterbrach ihn: „Ein weiterer Ministrant hat erzählt, Sie hätten an ihm sexuelle Handlung vollzogen und ihn gezwungen, Sie ebenso sexuell zu berühren."
„Und Sie halten das für die Wirklichkeit. Es wird für Sie langsam peinlich. Sie versuchen vergeblich, mir irgendetwas anzuhängen. Ohne Beweise. Kümmern Sie sich lieber um die Kinder, die von den Eltern vernachlässigt werden und sich durch solche Fantasien, wie Sie sie mir unterjubeln wollen, die Aufmerksamkeit erzwingen, die sie nötig haben. Die Schuld liegt bei den Familien, nicht bei mir. Kinder, die von

den Eltern oder Familienangehörigen missbraucht oder misshandelt werden, beschuldigen oft Lehrer oder Pfarrer an Stelle der Eltern, um Aufmerksamkeit für ihre Situation zu erregen. Durch diese Anschuldigungen sagen sie nur, dass sie leiden. Nicht durch meine Handlungen, sondern durch das, was sie durch ihre Eltern und deren Freunde erleben, werden sie geschädigt. Die anzuklagen, trauen Sie sich nicht, Ihre Beschuldigung von Priestern sind in Wirklichkeit Hilferufe von ertrinkenden, verzweifelten Kindern. Helfen Sie denen, statt uns integre Priester zu verfolgen."
Altschäffel stoppte seinen Redefluss: „Wir kümmern uns nicht um die Großwetterlage, sondern um jeden einzelnen Fall. Was mit anderen Priestern geschieht oder geschehen ist, geht uns nichts an. Wir möchten wissen, was Sie Kindern angetan haben. Ihr Wortfeuerwerk wird uns nicht davon abhalten."
„Sie lassen die Hilfsbedürftigen im Stich. Sie suchen Sündenböcke für das Versagen ihrer staatlichen Institutionen, dessen Schäden wir, die Religionsgemeinschaften, seit Jahrhunderten mildern. Die Kirche musste im Sinne der Menschlichkeit Ihre Kollateralschäden verringern. Wer unterhält die Institutionen für Behinderte, Pflegebedürftige, Abhängige und die vielen Kinder, die von ihren Eltern vernachlässigt, gedemütigt, geschlagen, missbraucht werden? Wir, die Religionsgemeinschaften. Sie, die staatlichen Institutionen, stürzen sich sensationsgeil auf die paar kriminellen Elemente, die die Kirche auch hat, wie die Polizei, die Metzger und die Apotheker. Aber wir Pfarrer geraten so schnell in Verdacht, weil dann Leute wie Herr Reger wunderbare Schlagzeilen formulieren können: Pfarrer schändet unsere Kinder. Die Hexenjagd auf mich hat den Grund, Ihr Versagen zu kaschieren. Machen Sie so weiter, aber kommen Sie mit Beweisen. Gott behüte Sie vor großen Fehlern. Aber auch für Sie bin ich Ihr Seelsorger. Gott zum Gruße."

„Und ich bin für Sie der Ansprechpartner für juristische Fragen. Wenn Sie mir noch was zu sagen haben, kommen Sie. Gute Nacht, Herr Reinemacher."
Reinemacher riss die Tür auf und wartete, bis Altschäffel gegangen war, räumte den Schreibtisch auf und packte in größter Eile seinen Koffer.

Kaum war sie zu Hause angekommen, fragte Babette nach dem Erfolg.
„Großartig, toller Erfolg. Er ist der Kinderfreund, ich die Verfolgungshexe."
„Damit kannst du leben."
„Er leugnet alles ab. Wenn ich keine anderen Ministranten als Zeugen bekomme, sieht es schlecht aus."
Eine Dreiviertelstunde nach dem Besuch von Altschäffel verließ Reinemacher die Villa, ging zu dem Haus „Knospe", so genannt, weil über der Tür eine Rosenknospe zu sehen war, deren Bedeutung niemand mehr kannte. Er klingelte und wurde eingelassen.

Montag, 14. Juni

Maître d'hôtel

„Also, ich bin hier Hausmeister, nein, nicht so einer wie ihn die Wohnblocks haben. Ich kann Ihnen sagen: tolle Häuser, viele Zimmer, acht, zehn, fünfundzwanzig. Für die Gärten haben wir drei ständige Gärtner angestellt, im Sommer sieben. Alles große Gärten, eigentlich ein Park, und alles in edler Ausstattung. Nur reiche Leute, nein, sehr reiche, wohnen hier. Nein, nicht das ganze Jahr, ist unterschiedlich. Der Flügler, Haus 14, wohnt im Jahr geschätzt 35 Tage hier. Aber immer an Weihnachten. Nur hier fühle er sich zu Hause. Hat außerdem eine Wohnung am Central Park in New York, eine in Kapstadt, zwei in Davos und so weiter. Was er macht? Hat was mit Flugzeugen zu tun. Baut Flugzeuge, hat er mir mal erzählt. Die Besitzer der Häuser sind immer höflich zu mir, müssen sie auch. Die meisten sind häufig weg. Da wollen Sie, dass ich die Blumen gieße – das mache nur ich, andere kommen nicht in die Wohnung. Haben hundertprozentiges Vertrauen zu mir. Können sie auch. War mal beim Geheimdienst. Das hier ist ein besonderer Job, besser bezahlt, höhere Wertschätzung, bin fast wie einer der ihren. Aber ich halte Distanz. Keine Vertraulichkeiten mit dem Dienstherrn.

Der Herr Schneider übertrifft sie alle; seine Partys sind unter den hohen Herrschaften beliebt und berüchtigt. Haben immer ein Thema. Letzte Woche war „Salome“ dran. Alle mussten sich ausziehen und den Tanz der sieben Schleier vorführen. Nach so einem Fest bestelle ich immer eine zusätzliche Putzkolonne von drei Mann, Entschuldigung, es sind ja Frauen. Ein paarmal musste ich den Krankenwagen holen, weil ... Viele drängen sich dazu, eingeladen zu werden.

Wen habe ich da schon gesehen! Nein, keine Namen. Viele sind „bekannt aus Film und Fernsehen“, wie man so sagt. Dann aber kommen manchmal nachts schwarze Limousinen mit Bodyguards. Sind nette Kerle, die Bodyguards. Fragen mich höflich, ob sie den Keller und den Speicher anschauen dürfen. Ich gebe Ihnen auch Hinweise, wo die besten Positionen sind, um einen Überblick über die Räume zu bekommen. Ich habe ja Erfahrung darin.
Es gibt auch Merkwürdiges. Im Haus 9 wohnt eine Familie mit fünf Kindern. Ihre Mitglieder sprechen einen Singsang, dass einem schwindlig wird. Haben fast alle Wände des Hauses mit Bildern ihrer Kinder zugepflastert. Also so: Der Ursus, der Älteste: zehn Jahre alt, wie Tobias, sie waren auch befreundet. Also gleich, wenn man reinkommt, rechts, in einer Reihe: Ursus (sechs Monate) nackt auf einem Eisbärenfell, Ursus (drei Jahre) nackt am Strand, Ursus (vier Jahre) nackt in der Badewanne – versteh ich nicht, immer nur nackt? Und wenn fremde Leute kommen? Also, ich weiß nicht. Sowas machen wohl nur die Reichen, aus Langeweile. Aber: Sind immer höflich zu mir. Behandeln mich wie ihresgleichen.
Der Berger, eine traurige Figur, das mit seinem Sohn, tragisch, und dann die Frau. Ist jetzt im Irrenhaus, nein, im Sanatorium. Der Junge tat mir leid. Er war zu mir immer sehr freundlich. Ich zeigte ihm die technischen Anlagen. Es interessierte ihn wirklich. Aber ich hörte oft sein Schreien, sah manchmal im Wohnzimmer, wie der Vater den Buben mit einem Bambusstock auf den nackten Hintern schlug. Wie ein wilder Stier brüllte er Sohn oder Frau an. Ich wohne ja gleich gegenüber. Mich schüttelt es, wenn ich das höre: Er schreit, seine Frau und sein Sohn weinen und wimmern, dann das Klatschen der Ohrfeigen und die dumpfen Schläge gegen den Körper – das alles hört man, selbst bei geschlossenen Fenstern. Als würde man eine Folterung miterleben. Seit dem Mord an Tobias hat sich hier die Stimmung geändert. Solange

man nicht weiß, was dahintersteckt. Aber, ich mische mich nicht ein. Eine Tragödie ist das Schicksal seines Sohnes. Der Vater ist ein unangenehmer Mensch. Grüßt nie.“

Das goldene Haus

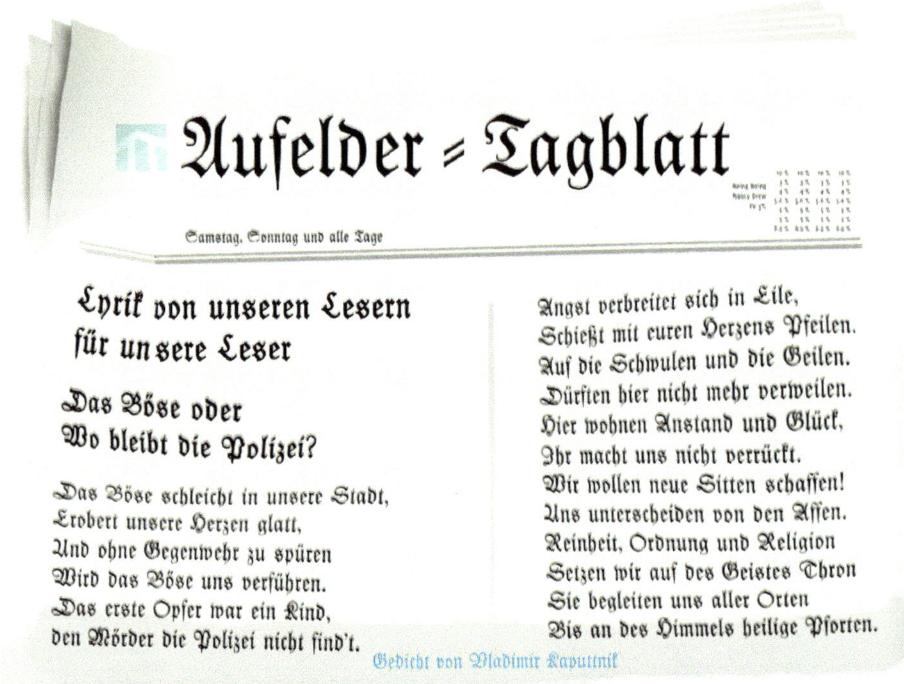

Aufelder = Tagblatt

Samstag, Sonntag und alle Tage

Lyrik von unseren Lesern für unsere Leser

Das Böse oder Wo bleibt die Polizei?

Das Böse schleicht in unsere Stadt,
Erobert unsere Herzen glatt,
Und ohne Gegenwehr zu spüren
Wird das Böse uns verführen.
Das erste Opfer war ein Kind,
den Mörder die Polizei nicht find't.
Angst verbreitet sich in Eile,
Schießt mit euren Herzens Pfeilen.
Auf die Schwulen und die Geilen.
Dürften hier nicht mehr verweilen.
Hier wohnen Anstand und Glück,
Ihr macht uns nicht verrückt.
Wir wollen neue Sitten schaffen!
Uns unterscheiden von den Affen.
Reinheit, Ordnung und Religion
Setzen wir auf des Geistes Thron
Sie begleiten uns aller Orten
Bis an des Himmels heilige Pforten.

Gedicht von Wladimir Kaputtnik

Für die Kommissarin und Babette begann die neue Woche höchst unerfreulich. Auch ein opulentes Frühstück schaffte es nicht, die Stimmung nach der Lektüre des „Aufelder Tagblattes“ zu heben. Altschäffel bekam Angst, dass ihr Ansehen in Aufeld durch die Presse vermindert würde. Sie spürte einen Stich in der Herzgegend, als sie das Gedicht auf der Titelseite bemerkte.
„Grottenschlecht als Gedicht, eine hinterfotzige Gemeinheit. Dich so zu blamieren“, empörte sich Babette.

„Journalisten müssen nicht unbedingt gute Dichter sein. Reger war schon immer so."
„Du meinst, es ist von Reger."
„Kennst du den Kaputtnik?", fragte Altschäffel.
Babette hielt es für ein Pseudonym und vermutete, dass das nicht der übliche „empörte Leser" sei, sondern jemand, der Spaß und Interesse daran hat zu zündeln, Leute zu manipulieren und sich wichtig zu machen.
„Du meinst also wirklich, dass es Reger war?"
„Er nutzt die Gelegenheit, andere Leser zu Leserbriefen anzustacheln und damit eine lebendige Diskussion zu entfachen."
„Damit hält er Abonnenten bei der Stange und bekommt neue."
„Und ich bin die Blamierte", beklagte sich Altschäffel und ging zum Büro. Von dort aus telefonierte sie mit dem Krankenhaus, um zu erfahren, ob Brenneisen schon vernehmungsfähig sei, bekam aber die Auskunft, vor zwei oder drei Wochen sei nichts in dieser Hinsicht zu erwarten.
Dann las sie eine E-Mail vom Labor, das sich für die lange Wartezeit wegen der Krankheit eines Mitarbeiters entschuldigte. Man habe in einem Geheimfach des Aktenkoffers aus dem Unfallauto einen Barscheck der Freia-Bank über 20.000 Euro gefunden, Unterschrift: Sigurd Schneider. Dabei habe man eine rätselhafte handschriftliche Notiz gefunden, die der E-Mail anliegt: „20x TB SS". Die E-Mail reichte für einen Besuch bei Schneider aus.
Die Freia-Bank mit ihren Angestellten bildete ein quasi exterritoriales Gebiet in Aufeld. Nach außen wie nach innen strahlte das Gebäude das Selbstbewusstsein des Bauherrn Gunther von der Osten, Weinhändler der Oberklasse, aus. Die fünfstöckige Villa zeigte zum Nibelungenring hin vornehmes Understatement. Es waren nur zwei Stockwerke zu sehen. Die drei anderen verschwanden im rückwärtigen Teil in den Tiefen des Hanggrundstücks.

Die beinahe raumhohen Fenster, in Untergeschoß vier, im ersten Stock sechs als Doppelpack mit antikisierenden Säulen begrenzt, zeigen die Offenheit der Institution. Über das Erdgeschoß aus weißem Stein erhebt sich die ziegelrote Bel Etage. Ein Vorbau empfängt den Besucher mit der Strenge klassizistischer Bauten: ein Gebäude wie geschaffen für eine internationale Elitebank mit der Mindesteinlage von fünf Millionen Dollar.

Die weltweit 278 Mitarbeiter kämen aus fünfundsiebzig Staaten. Jeder müsse mindestens drei Sprachen auf Verhandlungsniveau beherrschen, erklärte die überirdisch schöne Frau, die Altschäffel zum Büro Schneiders führte. In Aufeld seien um die vierzig tätig. Man verdiene hier sehr gut. Deshalb sei dafür der Spitzname „Das goldene Haus" geeignet. Überall war Glas das herrschende Bauelement, kombiniert mit Stahl und dem Weiß der Wände. Das Schwarz der Möbel und die dunkle Kleidung der Angestellten – dunkelblau, dunkles Grau oder tiefschwarz - vermittelten dem Kunden die Botschaft: Hier arbeitet ein Personal der Sonderklasse für Sie.

Schneider kam der Kriminalkommissarin aus dem Büro entgegen, als könne er ihr Erscheinen kaum erwarten: „Herzlich willkommen, Frau Altschäffel. Wollen Sie nicht Ihren Job wechseln. Kommen Sie doch zu uns. Es wird Sie nicht reuen. Ich zeige Ihnen Ihr Büro, wann wollen Sie anfangen?"

„Guten Tag, Herr Schneider. Nein, nein, nicht so schnell. Sie wissen doch, dass man dieses Angebot als Bestechungsversuch interpretieren könnte."

„Und es ist doch nur die Achtung vor Ihrer Leistung. Was kann es denn sonst noch geben, dass Sie mich besuchen?"

„Vermissen Sie nicht etwas?"

„Betreuen Sie jetzt auch noch das Fundbüro?"

„Für Sie bin ich doch gerne die Finderin. Hier habe ich eine Kopie des Fundstücks." Sie überreichte Schneider die Kopie des Schecks über 20.000 €.

Schneider betrachtete übertrieben genau das Papier. „Ja, was haben wir denn da? Einen Barscheck. Kann mich nicht erinnern, so einen Scheck ausgestellt zu haben. Sicher ist das eine Fälschung."

„Ja, das glaube ich auch. Ich wollte nur, dass Sie mir das bestätigen." Altschäffel nahm Schneider das Blatt aus der Hand.

Sie erklärte Schneider, dass sie noch ein rätselhaftes Blatt gefunden habe und überreichte eine Kopie der Schrift „20x TB SS".
„Wo finden Sie nur solche Sachen", wunderte sich Schneider.
„Wir haben in meiner Kindheit begeistert Pfadfinderspiele mit Geheimschrift durchgeführt. Vielleicht hat eine Schulklasse so etwas unternommen." Er gab ihr das Blatt zurück.
„Da kann ich Ihnen leider nicht helfen."
„Sie haben mir schon geholfen. Die Idee mit der Schulklasse sollen meine Kollegen weiterverfolgen. Das war alles."

Schneider verabschiedete Altschäffel: „Es freut mich, dass ich helfen konnte. Auf Wiedersehen." Sie zögerte, stotterte herum und stellte die Frage, was für eine Stelle sie denn bei ihm haben könnte.
Schneider schien überrascht und erfreut: Für sie sei doch die Stelle für Internationale Finanzbetrügereien passend. Ob sie es sich denn überlegt habe, fragte Schneider erstaunt.
„Ja, das ist eine Möglichkeit. Sie hören von mir. Auf Wiedersehen!"
Hoffentlich kauft er mir das Interesse an einer Stelle ab. Ich will, dass er keinen Verdacht schöpft. Er hat so viele Freunde, dass eine Anklage hundertprozentig sein muss, überlegte sie sich im Hinausgehen.

Das Rumpelstilzchen

Das schöne Wetter motivierte Altschäffel, einen langen Spaziergang zu machen. Ihr Gefühl führte sie zu einem Geschäft außerhalb des Ortes. Sie genoss die normale Fortbewegung zu Fuß, sie spürte die Entkrampfung der Muskeln.
Wie wohl fühlte es sich an, in der fröhlichen Natur im Schritttempo die Düfte einzusaugen, den Vögeln zuzuhören, die sich den akustischen Raum mit dem Dröhnen der Motorräder teilten. Die Kommissarin fand zu innerer Ruhe, trotz des Lärms der Maschinen.
So in den Gedanken an die Heilkräfte der Natur versunken, stellte sie fest, dass sie ihre Gefühle zu einem Geschäft geführt hatten, in dem alte Dinge zu erwerben waren.
Ein verschnörkeltes Aushängeschild „Antiquitäten" lud zum Besuch des ordentlich aufgeräumten Grundstücks ein. Die bunten Blumenbeete gaben dem Grundstück eine freundliche Note. Über der Eingangstür ein Schild:
„Auch nicht-kaufende Besucher willkommen. Friedrich Theobald Sammler, Sammler." Altschäffel warf einen Blick in das Schaufenster, das vor Jahren erweitert worden war.
„Welches Durcheinander", fasste sie ihren ersten Eindruck zusammen. Religiöses neben Profanem, Alltagsgegenstände neben Kuriositäten, altgriechische Figürchen und Donald Duck. Bei genauerem Hinsehen merkte sie, dass irgendetwas die Dinge miteinander verband.
Alte Bücher, nein, Schwarten musste man zu den zerfledderten Druckwerken sagen, stapelten sich mittig im Hintergrund der Auslage. „Ficinus: Liber de arte chimica", „Rosarium philosophorum", Hoghelandes: „De alchimiae

difficultatibus".
Auf der linken Seite lagen Steine herum, große und kleine, einzeln oder gehäufelt, in verschiedenen Farben. Sie konnte nur Bernstein, Bergkristall und einen Amethysten benennen.
Auf der vorderen linken Seite imponierten Bücher über Geometrie, Arithmetik, Psychologie der Zahlen, spannende Lektüre. Wer über die Peano-Axiome reden kann, für den ist das ein ungetrübtes Vergnügen.
Verteilt über die freien Flächen in dem Schaufenster sieht man Militaria: eine Feldflasche mit drei Einschusslöchern, einen Wolchow-Stock, ein HJ-Fahrtenmesser, einen Stahlhelm ... Und im Schnittpunkt der Diagonalen des Schaufensters eine großformatige Fotografie der Mutter Teresa mit der Widmung: „Meinem Freund Sammler".
Leicht erhöht stand hinter ihr ein Buch: „Friedrich Theobald Sammler: Seltsame Attraktoren als Ordnungsprinzipien einer mathematisch strukturierten Gesellschaft. Arbeit zur Erlangung der Doktorwürde an der Universität Heiberg."
„Hm", machte Altschäffel, „seine Doktorarbeit." Sie hatte mit der Spurensicherung Geschäft und Wohnung durchsucht und nichts irgendwie Strafbares gefunden. Auch eine einschlägige pornographische Literatur konnte nicht nachgewiesen werden. Einzig das Interesse für Philosophie und Mathematik und Belletristik der anspruchsvollen Art etwa „Zettels Traum" von Arno Schmidt, „Gesammelte Werke" von Jean Paul Richter oder „Der Mann ohne Eigenschaften" von Robert Musil. Nur die einmalige Verfehlung trübte das Bild, das sich Altschäffel von Sammler gemacht hatte. Sie hatte einen tadellosen Lebenslauf recherchiert: Eltern beide Apotheker in Wien. Der Sohn mehrfach bei „Jugend forscht" ausgezeichnet, ein Einser-Abitur. Dann Studium der Physik und Philosophie. Mehrere Auslandsaufenthalte (MIT, Sorbonne, Oxford). Nach der Promotion Assistenzprofessur an der Freien Universität Berlin. Dann Hochzeit mit der Starreporterin des TV-Senders „Weltblick". Die Scheidung nach

fünf Jahren – keine Kinder – hat ihn aus der Bahn geworden. Jahrelang Alkohol- und Drogenexzesse. Mit fünfundfünfzig Jahren war er nach Aufeld gezogen, hatte seine Rolle als stadtbekannter Penner gefunden und lebte als Antiquitätenhändler, Antiquar und von den Mieteinnahmen der Häuser seiner verstorbenen Eltern.

Altschäffel ging um das Haus herum, schaute durch die Fenster ins Innere, kontrollierte die Siegel am Haupt- und Nebeneingang und setzte ihre Wanderung fort. Ein Klopfgeräusch hielt sie zurück.

Sie drehte sich um und sah Sammler von innen an die Schaufensterscheibe klopfen. Er winkte heftig, sie möge doch zur hinteren Tür kommen. Das Siegel war verschwunden.

„Es freut mich, dass Sie mich besuchen. Ich wollte sowieso Kontakt zu Ihnen aufnehmen“, begrüßte sie Sammler. „Kommen Sie nur herein in meine gute Stube. Entschuldigen Sie das Durcheinander. Aber das haben mehr Sie und Ihre Leute angerichtet als ich.“

„Herr Sammler, Sie wissen schon, dass ich Sie jetzt verhaften muss.“

„Aber ich bin doch gar nicht da. Ich bin doch auf der Flucht.“

Sammler führte seinen Gast durch das vollgestellte Möbellager in den Verkaufsraum, wo Bücherschränke die Wände bis obenhin verdeckten.

Sie nahmen in zwei Ohrenbackenledersesseln Platz.

Die Kommissarin schaute Sammler erwartungsvoll an. Er erwiderte den Blick. Beide hielten es eine Weile aus.

„Krieg ist eine schlimme Sache“, unterbrach Sammler das Schweigen. „Da quälen sich die Menschen, ermorden einander, vergewaltigen, foltern, verteidigen oder verbreiten Ideale, betrügen, verraten, schlagen, planen Unsinniges, die Widerwärtigkeit der Menschen freut sich, sich in aller Freiheit austoben zu dürfen. Ein Land wird ausgelöscht. Warum? Da wollte ein Kleingeist groß sein, dünkt sich besser als andere. Und das Volk sagt sich: ‚Das ist mein Mann‘, ordnet sich un-

ter und fühlt sich dabei noch glücklich."
„Ist ja recht schön, was Sie da sagen. Sie werden beschuldigt, ein Kind ermordet zu haben, das ist das Thema."
„Glauben Sie das?"
„Säße ich dann hier? Ich will die Wahrheit wissen."
„Die ganze Wahrheit?"
Sammler lächelte und fuhr fort: „Seine Mutter kam, als Tobias und ich auf unserer Bank saßen, zu uns und herrschte mich an: Er, Tobias, bräuchte keinen zweiten Vater. Ich solle ihren Sohn in Ruhe lassen, sonst zeige Sie mich wegen Kindesmissbrauchs an."
Er machte eine Pause. Altschäffel überlegte fieberhaft, ob Sie ihn verhaften sollte oder nicht, ob er Theater spielte oder ehrlich war, was geschehen würde, wenn sie ihn auf das Revier mitnähme. Der Berger würde hämisch grinsen: „Na also, endlich, Frau Kriminalkommissarin." Und der echte Mörder würde sich ins Fäustchen lachen.
„Es tobt ein Krieg bei uns, Tag für Tag, ein Krieg hinter zugezogenen Vorhängen, geschlossenen Fenstern und bei auf höchste Lautstärke eingestellten Musikanlagen: der Krieg zwischen Kindern und Erwachsenen, Frauen und Männern, Armen und Reichen. Als die Mutter mir drohte, sprach ich Klartext. Ich wüsste, dass Tobias beinahe jede Woche von seinem Vater grün und blau geschlagen würde. Das sei Kindesmisshandlung, und sie würde ich wegen unterlassener Hilfeleistung vor Gericht bringen. Sie war dann bis zum Tod von Tobias ruhig."
Wieder dauerte das Schweigen einige Zeit.
„Glauben Sie nun, dass ich Tobias ermordet habe?"
„Mit dem Glauben ist es so eine Sache. Kann stimmen, kann nicht stimmen."
„Lassen Sie mich machen, wie ich es will. Ich finde den Mörder. Vertrauen Sie mir. Wenn Sie mich jetzt festnehmen, gehe ich widerspruchslos mit. Als Vertrauensbeweis gebe ich Ihnen eine Information, die Sie nicht haben. Sie kennen doch

die Villa von Schneider. Die hat einen Keller mit Schwimmbad. Es gibt zehn Umkleidekabinen. An der Tür einer elften steht „Bademeister". Wenn Sie da hineingehen, sehen Sie drei Kleiderhaken mit den Ziffern 1, 2, 3. Ziehen Sie diese leicht nach unten, und zwar in der Reihenfolge von 2, 3, 1. Sie können dann die Tür zu einem Raum öffnen. Das ist der Lagerraum für die kinderpornografischen Materialien des Vereins ‚Freunde der Schönheit und Wahrheit e.V.' Das ist mein Geschäftsvorschlag, Sie haben die Ware von mir bekommen. Ich gehe jetzt einfach zur Tür hinaus und wir haben uns nie gesehen." Betont langsam näherte er sich dem Ausgang.
„Woher wissen Sie das alles?" Altschäffel schaute ihn erwartungsvoll an.
„Antiquariate bekommen viele Angebote jeder Art von Büchern, auch kinderpornografische. Schneider, als Mann im Hintergrund, regelte das Finanzielle. Ist das nicht ein faires Geschäft?" Er ging langsam zur Tür.
„Bist du wahnsinnig? Du kannst doch so einen Penner nicht laufen lassen! Du machst dich strafbar. Strafvereitelung im Amt? Du wirst zum Gelächter der Stadt. Und deine Kollegen? Du kannst ihn noch aufhalten."
Er geht zur Tür. Er öffnet sie. Er schaut zurück. Er ist weg.
„Okay. Die Würfel sind gefallen. Und eigentlich vertraue ich ihm!"

Dienstag, 15. Juni

Nichts hören, nichts sehen, nichts sagen

Endlich kam Altschäffel dazu, die drei Kinder zu besuchen und zu befragen, die Sven ihr genannt hatte.

Norbert

Nein, die Eltern wollten nichts davon hören, dass der Herr Pfarrer so etwas Schreckliches tue. Eine Verleumdungskampagne, mit der man sich heute wichtig machen möchte. Solche Briefe schrieben Kinder häufiger, man sei mit Herrn Pfarrer Reinemacher sehr zufrieden. Ein netter Mensch. Norbert ginge gerne zur Kirche. Er sei sehr gläubig. Dass Pfarrer Reinemacher, nein, das halte man für eine bösartige Unterstellung.

Sarah

Der Brief von diesem Tobias sei von hinten bis vorne erstunken und erlogen. Sarah habe Tobias schon ein paarmal beim Lügen erwischt. „Nicht, Sarah?" „Ja, Papi."

„Er hat dir doch ein Buch gestohlen?"

„Ja, Papi! Und er hat meiner Freundin den Rock hochgehoben."

„Brav, Sarah, dass du das sagst. Der Junge war eine Gefahr. Wer so etwas macht, der lügt auch."

Andreas

Der Vater sagte: „Wir möchten in die Schmutzkampagne gegen die Religion nicht hineingezogen werden. Unser Andreas ist immer korrekt behandelt worden. Guten Tag."

Es wurde Altschäffel klar, dass sich gegen ihre Ermittlungen unter den Gläubigen eine Abwehrfront gebildet hatte, die sich schützend um Reinemacher scharte.

Mittwoch, 16.,Juni

Berger in Not

Altschäffel wurde klar, dass sie noch mehr über den Pfarrer wissen musste. Deshalb rief sie die ihm vorgesetzte Dienststelle, das Bischöfliche Ordinariat an. Dort sollte in der Personalabteilung die Akte „Arnoldus Reinemacher“ liegen. Altschäffel erreichte gleich die Stimmungskanone des Ordinariats: „Jesus rettet auch dich. Was kann ich für Sie tun?“
„Mich mit den Informationen über den Pfarrer Reinemacher retten.“
Fedfuchser gestand, dass er E-Mail und Brief von ihr, Altschäffel, bekommen habe. Er selbst habe sogar am Sonntag im Archiv gesucht, aber nichts gefunden.
„Aber wer lebt dann im Pfarramt, wer hält die Messe, wer nimmt die Beichte ab und wer beerdigt?“, wollte Altschäffel wissen.
„Woher soll ich das wissen? Nach unseren Akten hier ist die Kirchengemeinde seit längerer Zeit verwaist. Personalmangel. Wer will heute noch Pfarrer werden?“
Altschäffel hörte ein Klopfen, dann eine Frauenstimme, darauf ein schallendes Gelächter des Abteilungsleiters: „Gott ist die Ordnung, aber nicht bei uns. Meine Sachbearbeiterin hat die Akte gefunden. Mehr kann ich nicht sagen. Die Personalakte scheint korrekt zu sein. Liegt etwas gegen ihn vor?“
„Verdacht auf Kindesmissbrauch, Herstellung und Verbreitung kinderpornografischer Fotos und Schriften. Ich muss ihm erst etwas nachweisen können. Kann ich die Akte einsehen?“
„Wenn Sie kommen, dann richte ich sie her.“
„Das ist sehr nett. Ich fahre gleich los.“ Mit ihrem kleinen

Flitzer war sie bald da.
Trotz intensiver Lektüre fand Altschäffel keine Hinweise auf Unkorrektheiten oder verdächtige Spuren in seinem Lebenslauf. Es war eine vorbildlich geführte Personalakte. Vorbildlich, fast zu perfekt.
Fedfuchser lobte den Werdegang von Reinemacher: „Muss ein interessanter, kluger Mann sein. Wenn wir nur mehr von dieser Art hätten. Er hat anscheinend die Akte selbst abgegeben. Hier eine Aktennotiz: persl. abgegeb., Stelle in Aufeld. Sonst gehen Personalakten von Behörde zu Behörde. Hier noch eine Notiz. Stellenzuweisung wird nachgereicht. Da hat jemand geschlampt. Nur eine Formalie. Selbst das Ordinariat ist nicht perfekt. Das wird im Himmel anders sein, oder?“ Er lachte ausgiebig über seinen Witz.
Altschäffel schwieg kleinlaut. Sie gestand sich ein: „Eine Bilderbuchakte! Es gibt halt in allen Berufen Unsympathen, denen die Leute jede Gräueltat zuschreiben“, stellte sie fest. „So mag es auch bei Reinemacher sein. Trotzdem. Irgendetwas stinkt da.“
Auf der Rückfahrt beschloss sie, noch einmal mit Reinemacher zu sprechen und ihn schärfer anzugehen. Die Schwester Agnes empfing sie kurz angebunden: „Der Herr Pfarrer musste nach Uterien. Wann er zurückkommt, hat er nicht gesagt.“
Altschäffel sah plötzlich klar: „Flucht! Er ist geflohen. Wie konnte ich mich nur von dem moralischen Nebel des Pfarrers einlullen lassen?“
Voller Wut auf sich selbst gab sie eine Fahndungsmeldung heraus.
Fast wäre dieser Tag ohne weitere besondere Ereignisse vorübergegangen, doch dann rief kurz vor Dienstschluss der völlig aufgeregte Berger an. Er würde schon den ganzen Tag von zwei verwegen aussehenden Männern verfolgt. Er müsse Personenschutz bekommen. Altschäffel riet ihm, ins Revier zu kommen. Er käme sofort, schrie er ins Telefon.

Als er nach einer Stunde noch nicht da war, wurde Altschäffel unruhig. Dann stand er plötzlich im Raum, zeigte seine linke Hand mit dem eingebundenen kleinen Finger und sprach mit zitternder Stimme: „Sie haben mich nicht geschützt."

„Erzählen Sie", forderte sie ihn auf. Das Erscheinungsbild von Berger hatte sich deutlich geändert: Er war schlampig angezogen, seine Hose hatte Flecken. Die Krawatte hing schief um den Hals. Angesichts seiner Leichenblässe und seiner fahrigen Bewegungen tat er ihr leid. Mit brüchiger Stimme erzählte er, was sein Leben an den Rand des Abgrunds geführt hatte.

„Bitte, helfen Sie mir. Ich weiß, ich war Ihnen gegenüber aggressiv. Es tut mir leid. Aber vielleicht verstehen Sie mich ein wenig, wenn Sie meine Geschichte hören. Vor zehn Jahren wurden die Grundstücke im Baugebiet ‚Nibelungenring' verkauft. Ich erwarb eines der größeren und teureren Grundstücke. Ich glaubte, das Bürgermeistergehalt würde reichen. Die Freia-Bank bot mir besonders günstige Konditionen. Anfangs kamen wir gut zurecht. Ich dachte, das reicht erstmal. Aber der Hausbau wurde teurer, ich musste eine neue Hypothek aufnehmen, zu deutlich höheren Konditionen, ein neues Auto musste her, nicht gerade ein Kleinwagen. Schlussendlich: Ich machte Schulden. Das Bürgermeistergehalt reichte hinten und vorn nicht. Ich rechnete auch nie genau nach, sondern dachte, das wird schon. Es wurde nicht. Ich musste sparen. Das konnte ich nicht. Also fand ich Wege, wie ich meine privaten Rechnungen über die Stadtverwaltung abrechnen lassen konnte. Bauunternehmer waren für Hinweise dankbar."

„Und zahlten?"

„Und zahlten. Aber ich brauchte immer noch Geld. Da traf ich Brenneisen, der mir davon erzählte, dass sich in Aufeld eine Gemeinschaft gebildet habe, die dem Glück vertraute, wie er sich ausdrückte. Vielleicht sollte ich mein Glück auch pro-

bieren. Es wären in diesem Kreis lauter Ehrenmänner. Man spiele Poker. Ich war naiv genug, an mein Glück zu glauben. Als Jugendlicher hatte ich bei Tischtennisturnieren immer gesiegt und bei Monopoly auch. Und tatsächlich, dreitausend Euro gewann ich am ersten Abend. Damit beglich ich die Aufnahmegebühr von zweitausend. Am nächsten Abend gewann ich zwölfttausend. Ich lebte wie im siebten Himmel. Meine Spielerfreunde lobten mich und sagten mir, ich sei der geborene Spieler. Am nächsten Abend verschmerzte ich die fünfzehnhundert Verluste und glich sie mit den zehntausend Gewinn am folgenden Abend mehr als aus. Dann begann der Absturz. Ich verlor. Man redete mir ein, das sei nur eine Pechsträhne, die ginge vorüber.
Der Abend des Grauens: Ich hatte fünfzigtausend gewonnen. Und den Erfolg mit viel Sekt gefeiert. Das letzte Spiel. Schneider wollte meine Schulden zahlen, ich setzte dagegen mein Haus. Ich sah mich schon schuldenfrei. An so einem Glückstag kann man nur gewinnen, dachte ich. Ich habe verloren. Wie in Trance unterschrieb ich den Schuldschein. Ich war jetzt nur der Mieter von Schneiders Gnaden. Meine Frau hatte es nicht erfahren. Unser Leben ging weiter wie bisher.
Dann aber wollte Schneider die Begleichung der Schulden. Vor vier Monaten begann er immer wieder zu erwähnen, dass er das Haus übernehmen möchte. Im März und April drängte er stärker und setzte als Frist für den Auszug den ersten Juni. Ich blieb einfach im Haus und kümmerte mich um nichts. Am dritten Juni war Tobias tot."
„Ermordet! Von Schneider?"
„Das hatte ich gedacht. Ich ging zu ihm, schrie ihn an, beschuldigte ihn, drohte mit der Polizei. Wir rauften sogar. Aber er beteuerte, nichts mit dem Tod von Tobias zu tun zu haben. Als Sie nachts kamen, hatte er mir mitgeteilt, er könne mit der Hausübergabe nicht mehr warten. Ich werde doch nicht wortbrüchig werden und mich vor der Begleichung der Schuld drücken wollen. Der Joker sei eine Warnung gewesen

wie die Entführung von Tobias."
„Schneider hat also doch etwas mit dem Mord zu tun gehabt."
„Nicht direkt. Er sagte, es sei ein Unfall gewesen. Tobias habe bemerkt, dass er entführt worden sei, um mich zu erpressen. Da habe er so wild um sich geschlagen, dass sie ihm eine Spritze geben mussten. Paddy und Adi hätten die Spritze vorbereitet und eine zu hohe Dosis aufgezogen. Reinemacher habe gespritzt und in wenigen Minuten war das Leben von Tobias zu Ende."
„Also der Mord an Tobias soll ein Unfall gewesen sein. Paddy und Adi sind sofort im Osten untergetaucht", fasste Altschäffel zusammen.
„Ja", meinte Berger, „das Leben steckt voller Zufälle."
„Und diese Zufälle haben auch ihren Finger gebrochen?"
„Es ist mir egal, wer den Finger gebrochen hat. Ich brauche

Personenschutz", beharrte Berger.
„So etwas kann nur die Zentrale anordnen. Ich bitte Kollegen, ab und zu bei Ihnen vorbeizufahren", gestand ihm die Kommissarin zu.
„Das ist das Ende. Wenn sie mich umbringen, dann ist das Ihre Schuld."
„Wer immer Sie bedroht, der will nicht ihr Leben, sondern Geld und Gold."
Beim Weggehen schlug er die Tür laut zu.
Babette holte Altschäffel vom Büro zu einem Spaziergang durch den lauen Sommerabend ab.
„Hoffentlich sind wir deinen Kollegen nicht verdächtig", scherzte Babette und wies auf einen Streifenwagen, der langsam die Straße entlangfuhr. „Dort drüben fährt ja noch einer."
„Die fahren lieber Streife, als im Büro zu sitzen."
Bei einem Kiosk hörten sie ein Geräusch. Sie gingen in die Richtung, aus der es kam. Hinter einem Busch fanden sie den weinenden Sven. Sie halfen ihm aus einem Versteck mit Kartons. „Hallo, Sven, was ist los? Wie geht es dir? Sollen wir einen Arzt holen?"
Ein lautes Aufschluchzen war die Antwort. Der Junge sah etwas lädiert aus. Hemd und Hose hatten Risse, eine blaue Backe deutete auf eine Schlägerei hin. Jede Frage von Altschäffel löste neue Weinanfälle aus. Dann babbelte er heraus: „Wie ... will nicht ... Tobias - tanzen Tobias ... Beerdigung - wie bei Tobias."
Altschäffel beruhigte ihn: „Es ist vorbei, es passiert dir nichts. Wir gehen zu Doktor Gränkel. Er ist ja gleich um die Ecke."
Sven konnte sich kaum aufrecht halten. Mit einiger Mühe schleppten die beiden Frauen den Jungen zur Praxis des Arztes, der in dem Haus auch wohnte. Dieser untersuchte den Jungen, während Altschäffel Svens Eltern anrief.
Die Eltern kamen sofort.
Gränkel war zu dem Untersuchungsergebnis gekommen:

„Einige harmlose Kratzer, vier große blaue Flecken am Oberkörper, wegen des blauen Fleckens im Gesicht, vielleicht eine leichte Gehirnerschütterung. An den Händen Spuren einer Fesselung. Die Einstichstelle einer Spritze habe ich auch gefunden. Die Reflexe sind verlangsamt. Der Junge muss ins Krankenhaus. Die können die Substanzen der Injektion herausbekommen."
Sven bemühte sich, etwas zu sagen, brachte aber nur einige unverständliche Silben hervor.
Der Krankenwagen war wenige Minuten nach dem Anruf da und fuhr Mutter und Kind zum Krankenhaus. Herr Leiderer beschwerte sich bei Altschäffel über das Verhalten der Polizei: „Um fünf Uhr nachmittags sollte Sven zu Hause sein. Um sieben Uhr haben wir Sven als vermisst gemeldet. Die Polizei hat nur gesagt, man müsse noch warten. Kinder würden sich oft verspäten. Jetzt ist es halb zehn. Die Polizei hat uns nicht ernstgenommen. Das wird noch ein Nachspiel haben", polterte Herr Leiderer
und verschwand.
„Der arme Junge", sagte Gränkel, als sich Altschäffel und Babette verabschiedeten.

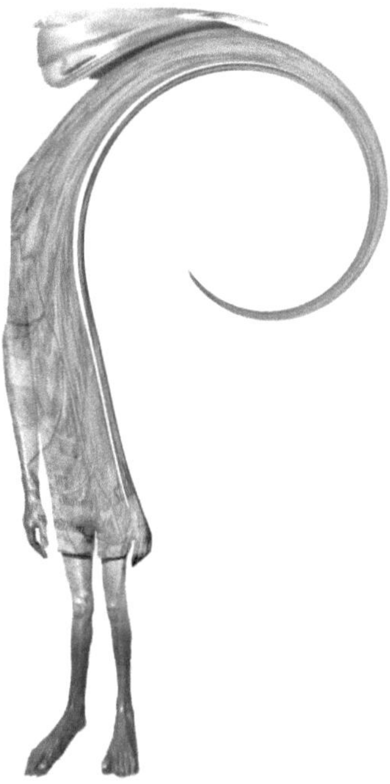

Freitag, 18. Juni

Gasthaus zur Geiß

Sechs Stammtischmitglieder mit ihren jeweils zwei Zentnern plus hockten in Embryohaltung um den Ecktisch, dem magischen Ort ihres Geisteslebens: Eine Sammlung von Bierkrügen schwebte auf einer Rampe über ihren Köpfen. Das Geweih eines Zwölfenders drohte über dem Eingang. In einer Glasvitrine feierte der Kegelklub seine Siege durch die Ausstellung seiner Trophäen. Die Galerie der Bilder der Wirte im Gasthaus zur Geiß ab 1888 vermittelte den Eindruck von Wohlhabenheit und Selbstbewusstsein. Und ein Highlight des Stammtisches war der Ausschnitt der Bedienung Zenzerl, die durch gastnahe Zuvorkommenheit die Schau- und Trinklust der Männer anstachelte, vor allem, wenn einer spendabel einen Schein in den Ausschnitt steckte.

„Habt ihr die heutige Zeitung schon gelesen? Überschrift: ‚Die Kriminalpolizei sieht alt aus.' Hätten schreiben sollen: sieht Altschäffel aus."

Nach der Schallwelle des Brülllachens kristallisierten sich aus dem mehrstimmigen Männerchor fundamentale Erkenntnisse heraus.

„Eine Gemeinheit ist es, unsere Yvonne ist schon in Ordnung und hier geboren."

„Der Reger, toller Journalist, der sagt, was gesagt werden muss."

„Dass die Polizei schlampig ist."

„Sind halt Beamte."

„Ich sag nur: Es ist eine Frau."

„In der Zeitung steht, dass sich die Polizei die Ursache des Unfalls nicht erklären kann."

„Der Fahrer ist halt gerast und hat die Kontrolle verloren."

„Wer ist gefahren?"

„Weiß man nicht."

„Brenneisen liegt immer noch im Krankenhaus."

„Der alte Schlawiner, der macht auch aus seinem Unfall noch ein Geschäft."

„Da sollen Fotos gefunden worden sein."

„Ja, lauter Nackerte."
„Ich versteh das nicht. Warum schauen sich erwachsene Menschen Nackerte an?"
„Schaust du immer weg, wenn sich deine Alte auszieht?"
„Wer hat denn die vielen Pornofilme daheim?"
„Nur Sex und Gewalt auf dieser Welt. Wo bleibt der Anstand?"
„Da sind auch Fotos von Kindern dabei, erzählt man sich."
„Furchtbar. Nacktbilder von Kindern!"
„Da hat mir meine Schwiegertochter doch ein Foto mit der dreijährigen, nackten Celi auf einem Eisbärenfell geschickt."
„Da hätte sie sich doch selbst drauflegen können, das hätte besser gepasst."
„Meine Tochter und ihr Mann machen mit meinen zwei Enkelinnen im FKK-Campingplatz Urlaub. Die sind drei und fünf Jahre alt."
„Und dann wundern sie sich, wenn etwas passiert. Pfui Teufel."
„Es gibt nichts Schlimmeres als Kindesmissbrauch."
„Lebenslang ins Zuchthaus!"
„Kopf ab!"
„Das ist zu wenig: Schwanz ab und in ein Arbeitslager!"
„Lebenslang jeden Tag zwanzig Peitschenhiebe wie bei den Islamisten!"
„Und das jeden Tag auf dem Stadtplatz, damit es jeder sieht!"
„Prost, Männer!"
„Prost!"
„Wir brauchen einen Mann, der Ordnung schaffen kann!"

Das Protokoll

Am Morgen rief Altschäffel das Krankenhaus an und erfuhr, dass Sven bereits von den Eltern gegen den ärztlichen Rat abgeholt worden sei.

Beinahe feindselig empfing Frau Leiderer Altschäffel. Die schlechte Stimmung richtete sich gegen die Vertreterin eines Staates, der einen so im Stich lässt wie gestern Abend. Nach einer Befragung Svens in Anwesenheit der Eltern verfasste Altschäffel gleich das Protokoll und las es Herrn und Frau Leiderer und Sven vor:

„Der Schüler Sven Leiderer gibt an, am Mittwoch, dem 16. Juni, um etwa achtzehn Uhr im Nibelungenring, Höhe der Freia-Bank, entführt worden zu sein. Er sei auf dem Weg nach Hause gewesen.

Ein schwarzer Lieferwagen habe neben ihm gehalten. Drei Männer hätten ihn gepackt und in das Auto gestoßen. Sie hätten ihn gefesselt und ihm die Augen verbunden. Die Fahrt habe etwa dreißig Minuten gedauert. Er sei am Ankunftsort in ein kleines Zimmer gesperrt worden. Nachdem Augenbinde und Fesseln entfernt worden seien, habe er sich wie bei einem Arzt gefühlt. Medikamente seien herumgelegen, Spritzen, Ampullen usw. Er habe voller Angst gewartet. Bis zu diesem Zeitpunkt habe er sich ruhig verhalten. Als ihm bewusst geworden sei, dass er wie Tobias behandelt werden sollte, habe er die Tür geöffnet und habe sich einen Gang entlang hinausschleichen wollen. Er habe sich gewundert, dass er nicht eingesperrt worden war. Von den Männern, die irgendwie „ausländisch“ ausgesehen hätten, sei er gewarnt worden. Die Wachhunde würden ihn zerfleischen, wenn er fliehen wolle. Die Angst, so zu sterben wie Tobias, habe ihn angetrieben. Vielleicht seien die Hunde nicht so schlimm, habe er sich getröstet. Er sei an eine halb geöffnete Tür gekommen, die den Blick in einen Raum freigegeben habe, der einer großen Sporthalle glich. Er habe nur sehen können, dass Männer in dem Raum unbekleidete Jungen und Mädchen filmten und fotografierten, darunter seien auch der Direktor der Freia-Bank und Pfarrer Reinemacher gewesen. Er sei entdeckt worden und gelaufen wie nie in seinem Leben, sei aber gefangen und in den „ärztlichen Raum" zurückgebracht worden. Er habe getobt und geschrien, einer der Entführer habe sich ihm mit einer Spritze genähert. Mehr könne er nicht sagen, er könne sich an nichts mehr erinnern, bis er Frau Altschäffel gesehen habe."

Frau Leiderer reagierte entsetzt auf die Aussagen ihres Sohnes. Das sei eine Lüge. Das könne nicht der Herr Pfarrer Reinemacher gewesen sein, ein so gütiger Mensch, gläubig und herzensgut. „Ich schäme mich für deine Lügen." Sie warf Altschäffel vor, Sven überredet zu haben, so etwas zu sagen. Damit könne sie ihr Versagen verdecken und hätte endlich einen Erfolg. Lautstark rief sie: „Ich rufe meine Freundinnen zusammen, um eine Gebetsstunde für Herrn Pfarrer Reinemacher abzuhalten. Mein Sohn, ein Lügner!"

Mit diesen Worten verschwand sie.

Der Vater unterschrieb das Protokoll. Altschäffel legte es einem Richter vor, der einen Haftbefehl gegen Schneider und die Bodyguards ausstellte.

Es galt noch ein Problem zu lösen: „Wie komme ich an Reinemacher. Er muss noch in Aufeld sein. Oder in der Umgebung. Und er muss sich so sicher fühlen, dass er an diesem Fototermin teilnahm. Die Kollegen vom Streifendienst informiere ich, dass er sich wahrscheinlich in Aufeld versteckt."

Die Litanei des guten Hirten

Am Nachmittag hatte sich eine Gruppe von zwölf Frauen in der Kirche versammelt, um inbrünstig für die Seele des geliebten Pfarrers Reinemacher zu beten.
Frau Leiderer und die Kirchgänger beteten die Litanei des guten Hirten im Wechselgesang:

Herr, erbarme dich.
Christus, erbarme dich.
Herr, erbarme dich.
Christus, höre uns.
Christus, erhöre uns.

Gott Vater im Himmel.
Erbarme dich unser.

Geheiligter Priester.
Erbarme dich unser.
Vertreter des Herrn.
Erbarme dich unser.

Botschafter Gottes.
Erbarme dich unser.

Vermittler zu Gott.
Erbarme dich unser.

Du Wegweiser zum Himmel.
Erbarme dich unser.

Du Mann der Liebe.
Erbarme dich unser.

Du Mann der Selbstbeherrschung.
Erbarme dich unser.

Du Quell des Glaubens.
Erbarme dich unser.

Du Mann des Wortes.
Erbarme dich unser.

Du Verkünder des Trostes.
Erbarme dich unser.

Du Mann der Keuschheit.
Erbarme dich unser.

Du Vorbild an Bescheidenheit.
Erbarme dich unser.

Du Liebling der Kinder.
Erbarme dich unser.

Du Fürsprecher der Frauen.
Erbarme dich unser.

Du Mahner der Männer.
Erbarme dich unser.

Du Verbreiter des Friedens.
Erbarme dich unser.

Du Vorbild für Menschenliebe.
Erbarme dich unser.
Du Führer durch Krisen.

Du Spender von Hoffnung.
Erbarme dich unser.

Geheiligter Priester.
Wir Gläubigen vertrauen dir bedingungslos,
Denn du bist der Gesandte Gottes.
Du bist sein Sprachrohr.
Wir sind eine große Familie.
Für die du immer da bist.

Gesegnet bist du und
segne uns
und bringe uns Heilung.
In Ewigkeit, Amen.

Montag, 21. Juni

Ein ereignisreicher Tag

Um sechs Uhr klingelte Altschäffels Telefon. Ihr Chef, Gesslar Obereiner, meldete sich. Er entschuldigte sich für die Störung der Nachtruhe. Sie möge doch in einer Stunde in ihrem Büro sein. Er hole sie zur Verhaftung von Berger und einer Hausdurchsuchung ab. Es würden dem Bürgermeister Steuerbetrug, Vorteilnahme und Veruntreuung von Geldern vorgeworfen. Sie kenne Herrn Berger am besten. Deshalb wäre es klug, sie für die Gespräche mit ihm dabeizuhaben. Die Abteilung Wirtschaftskriminalität verfolge die finanziellen Machenschaften von Berger schon einige Zeit. Im Rahmen einer internationalen Zusammenarbeit sei er bei Geldwäsche aufgefallen. Man habe dann noch andere Verfehlungen entdeckt. Gestern habe man die letzten Beweise für Steuerbetrug bekommen, was für einen Haftbefehl reiche, man sei in etwa einer Stunde bei ihr. Er, Obereiner, leite die Aktion.
Altschäffel weckte Babette, teilte ihr mit, dass heute wohl ein schwerer Tag sein würde, „Kuss, Kuss, Küsschen“, und weg war sie.
Altschäffel musste im Büro nicht lange auf die Kollegen warten, die mit zwei Lieferwagen für die Materialien und Objekte und drei Dienstwagen angefahren kamen, insgesamt über zwanzig Leute. Obereiner erklärte, dass sie das Haus in gewohnter Weise umstellen würden, um etwaige Fliehende abzufangen.
Als sie angekommen waren, sicherten sie das Anwesen: zwei Beamte bewachten die Straßenseite, zwei die Rückseite, und je zwei die restlichen Seiten des Gebäudes. Obereiner läutete. Nichts bewegte sich. Nochmaliges Läuten. Man hörte eine

Tür gehen. Gleich darauf die barsche Stimme von Berger.
„Wer ist da? Unverschämtheit, um diese Zeit!“
„Kriminalpolizei, machen Sie bitte auf.“
„Das ist ja kaum zu glauben, jetzt, um sieben Uhr? Kommen Sie später wieder. Um zehn Uhr in mein Büro.“
„Herr Berger, lassen Sie uns sofort rein oder wir brechen ihre Tür auf.“
„Gut, ich zieh mir nur schnell was über.“
„Nein, sie machen im Augenblick auf!“
Nach zweimaligem Klicken des Schlosses erschien Berger in der Tür.
Er konnte kaum seinen Zorn zügeln, als ihn die Polizisten zur Seite drängten und begannen, das Haus zu durchsuchen.
„Was wollen Sie von mir?“
„Hier ist der Beschluss für die Hausdurchsuchung und hier Ihr Haftbefehl. Und mein Name ist Gesslar Obereiner.“
„Ich will ihre Dienstmarke sehen.“ Berger prüfte die von Obereiner gereichte Marke. Dieser bemerkte zwei große Koffer.
„Sie verreisen?“, fragte er und deutete auf die Koffer.
„Um zehn Uhr fliege ich nach New York. Ich bin in der Delegation des Innenministers auf seiner Amerikareise. Also beeilen Sie sich.“
„Da wird der Herr Innenminister aber auf Sie verzichten müssen.“
„Mit welchem Recht dringen Sie hier ein?“

Was nun folgte war ein Wutanfall, dessen Dramatik den besten Theatern der Welt zur Ehre gereicht hätte. Er begann mit einer Phase der Hyperventilation, die mit einem Schrei nach „Luft“ beendet wurde. Der Luftmangel zwang den Körper zu Boden, wo er sich gegen die zuckenden Glieder wehrte. Dann die Überleitung zur Phase der Krämpfe. Zuerst fuchtelten die Arme wild in der Luft herum, dann bebten die Beine und schließlich strampelte er wie ein Hampelmann herum, Unsinniges fabulierend: „Aeikt eobert wklo dummerunter“. Er näherte sich drohend Obereiner, als wollte er ihn anfallen, brach aber wenige Schritte vor ihm zusammen. Altschäffel rief bei Doktor Gränkel an, der auch sein soforti-

ges Kommen versprach. Inzwischen legten zwei Polizisten Berger auf eine Liege. Während Doktor Gränkel, der schnell erschienen war, den Oberbürgermeister untersuchte und ihm eine Beruhigungsspritze gab, öffnete Altschäffel einen Koffer: Wäsche, Anzug, Hemden, Schuhe, Waschzeug, ganz normal. Berger bemerkte dies und verlangte, einen Anwalt zu sprechen. Altschäffel gab ihm ihr Handy: „Bitte, Herr Berger." Während er seinem Anwalt schilderte, was alles geschehen war, öffnete sie den zweiten Koffer: Bürosachen, Akten, Kopierpapier, kleiner Drucker. Beim Abtasten der unteren Innenränder blieb ihr Nagel des rechten Zeigefingers hängen und riss. Sie tastete weiter und entdeckte tatsächlich einen zweiten Boden. Nun leerte sie den Koffer, entfernte die Zwischendeckel und zog einige DIN A4 Umschläge hervor. Aus dem letzten rutschte ein Bild heraus.
Doktor Gränkel hob es auf und betrachtete es: „Aber – das – ist doch Tobi! Das ist doch genau sein Muttermal!"
Die Herumstehenden trauten nicht sich zu rühren. Die Erkenntnis war zu schrecklich. Tobias als Objekt für pornografische Bilder?
Obereiner nahm das Foto und ging mit ihm zu Berger. „Herr Berger, ist das Ihr Sohn?"
„Weiß ich nicht, kenne ich nicht. Man sieht ja nichts."
„Herr Berger, Herr Doktor Gränkel hat an dem Muttermal Ihren Sohn erkannt. Ist das Ihr Sohn?"
„Ohne meinen Anwalt sage ich nichts mehr."
„Das ist Ihr gutes Recht. Dann fahren wir Sie zur Zentrale. Sperren Sie ihr Haus zu. Haben Sie jemanden, der es betreut?"
Der Anwalt war inzwischen gekommen. Er unterhielt sich einige Zeit mit seinem Mandanten. Dann wurde dieser in die Hauptstadt zur Staatsanwaltschaft transportiert.
Obereiner und Altschäffel zogen Bilanz. Ein Verdächtiger ist in Gewahrsam genommen, nämlich Berger, zwei sind auf der Flucht, Sammler und Reinemacher, und zwei in ihrer Hei-

mat, Paddy und Adi, wahrscheinlich unerreichbar, ein Zeuge oder Beteiligter, Brenneisen, im Krankenhaus. Sammler schätzten sie als minderverdächtig ein. Reinemacher könnte der Hauptorganisator gewesen sein. Um welche Verbrechen handelte es sich: Mord, Entführung, Freiheitsberaubung, Besitz von kinderpornografischen Medien, eigene Produktion von kinderpornografischen Medien, Kindesmissbrauch, Gewalt gegen Kinder.

Altschäffel ärgerte sich über die Behauptung der Täter, die sexuelle Liebe zu den Kindern sei die wahre Liebe. Sie glorifizierten ihre primitiven sexuellen Begierden, um sie aus der Schmuddelecke in göttliche Sphären zu heben: Die Schönheit soll in der Nacktheit von Kindern unschuldig ihr Wesen zeigen, die reinen unbekleideten Kinderkörper seien Quell aller moralischen Einsichten. Das Wahre strahle aus den Körpern hinaus in alle Welt. Gott spreche durch die Kinder zu den Menschen.

„Welche Anmaßung", schloss sie ihren moralischen Rundumschlag. „Sie nutzen die Ideale einer humanen Gesellschaft aus, um durch Verdrehungen ihre Lustbefriedigung mit gutem Gewissen zu genießen."

„Herr Obereiner, sie meinen, Eltern würden Kinder gegen Geld oder Gold ‚ausleihen'?"

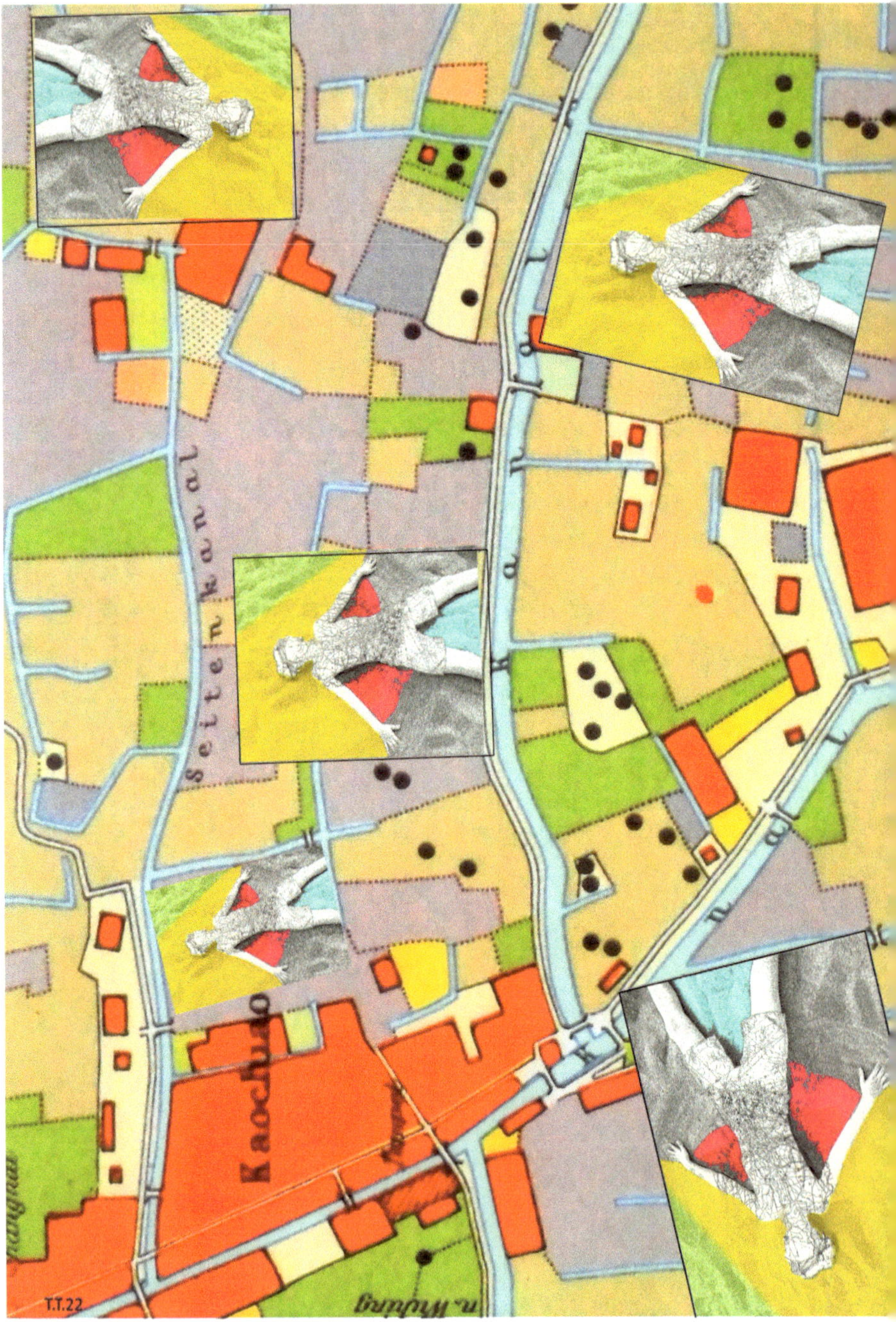
Seiten kanal
T.T.22

„Es gibt solche Fälle. Wir müssen diese folgenden Fragen beantworten: Hat der Vater von den Aufnahmen gewusst oder geschah es ohne sein Wissen? Hat er gar Geld für die Erlaubnis bekommen, solche Aufnahmen von seinem Sohn machen zu dürfen? Warum wurde Tobias ausgewählt? War es sein mädchenhaftes Aussehen? Hat Tobias Geld bekommen? Wer hat die Aufnahmen gemacht? Wie oft? Wer sind die Kinder auf den anderen Fotos? Für wen waren die Fotos gemacht? Sind diese Bilder Kunst oder Pornographie?"

Hier waren sie einer Meinung. Das ist Pornografie und Missbrauch von Kindern. Anscheinend wollte Berger fliehen. Hatte er einen Tipp aus der Hauptstadt bekommen? War es Zufall? Wer war der Fotograf?

Altschäffel sagte: „Reinemacher!?"

„Ein Pfarrer?"

„Ein Pfarrer!"

Fafnirs Fluch

Fafnir ist ein Zwerg, der mit zwei Brüdern, Otur und Reginn, und ihrem Vater, dem Zwergenkönig Hreidmar, zusammenlebt. Die Götter Odin, Loki und Hönir treffen auf einer Reise den tagsüber in einen Otter verwandelten Otur, fangen, töten ihn und ziehen ihm das Fell ab. Die Nacht verbringen sie in Hreidmars Burg und zeigen stolz das Fell. Der Gastgeber hält die drei Götter aus Rache für den Mord an Otur so lange gefangen, bis sie eine große Menge Goldes zur Lösung übergeben haben. Nach dem Verschwinden der Götter fordert Fafnir den Schatz von seinem Vater. Dieser weigert sich, ihn herauszugeben, und wird von seinem Sohn getötet. Der andere Bruder, Reginn, flüchtet. In der Ferne bildet er einen Ziehsohn, Sigurd, dazu aus, Fafnir, der sich mit dem Schatz in eine Höhle zurückgezogen hat und sich langsam in einen Drachen verwandelt, zu töten. Sterbend warnt Fafnir Sigurd, dass Reginn auch ihn umbringen wolle; aber Sigurd tötet Reginn.

Und Fafnirs Fluch? „Du, Mensch, leide darunter, dass du alles für Geld machst, aber nie genug davon hast.“

Dienstag, 22. Juni

Vom Schneider zum Schneiderlein

Der morgendliche Blick in die Zeitung ließ Altschäffels Wutpegel steigen. Das brachte sie für diesen Tag in die richtige Stimmung: Kraft durch Wut.

„Mysteriöser Unfall: Was war die Ursache?
Mysteriöser Fund: Kinderpornographie in der Nähe des Unfallorts?
Mysteriöses Zeichen: Wer oder was ist Fafnir?
Mysteriöse Aufklärung: Wo ist unsere Kriminalpolizei?
Mysteriöser Beifahrer: Wie ist Siegfried B. in die Verbrechen verwickelt?“

„Reger hat nicht genug zu tun“, dachte sich Altschäffel. „Er wird heute noch genügend zu schreiben bekommen.“ Sie hatte sich vorgenommen, heute das Risiko auf sich zu nehmen und den Hinweisen Sammlers zu vertrauen: Die Freia-Bank sollte als Umschlagplatz für Kinderpornografie entlarvt werden.

Altschäffels Vorgesetzter Obereiner teilte mit, der Minister habe für heute vierzehn Uhr eine Pressekonferenz angeordnet, die die Fortschritte im Mordfall Tobias B. dokumentieren sollte. Sie ließ den Gemeindesaal reservieren.

Unter den eingegangenen E-Mails befand sich folgende Information der für Sekten zuständigen Abteilung des Bischöflichen Ordinariats.

„Sehr geehrte Frau Altschäffel,
die vorliegende Anstecknadel ‚Fafnir‘ gehört dem Verein ‚Freunde der Schönheit und Wahrheit e.V.‘ an. Sie ist von der Firma Steininger in Lauburg angefertigt worden. Diese Firma

ist auf die Herstellung solcher Art von Abzeichen, Anstecknadeln u. Ä. spezialisiert. Es hat sich um einen einmaligen Auftrag über fünfzig Stück gehandelt. Das Auge des Drachen ist ein winziger Diamant: Kosten pro Stück: 350,00 Euro. Der Auftraggeber war Herr Sextus Lieb in der Achterbaumstraße 2 in der Hauptstadt. Nach ihren Informationen läge gegen diesen Verein nichts vor. Merkwürdig sei es allerdings, dass bei der Überprüfung der Adresse festgestellt werden musste, dass ein Herr Lieb dort nicht mehr zu finden ist.
Mit kollegialen Grüßen"

Mit zehn Leuten rückte Altschäffel um sieben Uhr morgens bei Schneider an. Die Polizisten postierten sich rund um die Villa, besetzten noch zwei weitere Zugänge und durchforschten den Garten.
Altschäffel klingelte. Nichts rührte sich. Sie klingelte erneut. Keine Reaktion. Nochmaliges Klingeln – ein Schrei: „Jaaa! Ich komm' ja schon!"
Noch bevor Schneider die Tür öffnete, hörte man ein giftiges Schimpfen über unverschämte Ruhestörer, die nur warten sollten, was gleich geschehen würde, den Hund würde er auf sie hetzten, wenn er ihn aus dem Zwinger freigelassen habe.
„Ach, Sie sind das schon wieder", begrüßte er überrascht-gereizt Altschäffel und ihre Begleiter. „Sie müssen aber einen guten Grund haben, mich so früh zu stören!"
„Entführung eines Jungen, Herr Schneider. Ich nehme Sie vorläufig wegen des Verdachts auf Entführung, Freiheitsberaubung, Körperverletzung, Mord und des Besitzes und des gewerbsmäßigen Handels mit kinderpornographischen Schriften und Bildern fest. Alles, was Sie sagen, kann gegen Sie verwendet werden. Ich bitte Sie, uns sämtliche Räumlichkeiten zugänglich zu machen. Zwei Männer werden Sie begleiten. Sollten sie einen Fluchtversuch machen, legen wir Ihnen Handschellen an."
„Ihre Anschuldigungen sind lächerlich. Es fehlt nur noch,

dass Sie behaupten, ich hätte mit meinen Atomraketen den Dritten Weltkrieg angezettelt."
„Herr Schneider, ich fordere Sie auf, die Sache ernst zu nehmen."
„Sie werden es noch zu spüren bekommen, wie ernst ich die Sache nehme. Ich werde gleich Himmel und Hölle in Bewegung setzen, die sie dann wegpusten werden wie ein Herbstblatt im Wintersturm."
„Bevor Sie das tun, sollten Sie sich anziehen. Die beiden Herren hier begleiten Sie."
Die anderen acht Polizisten bekamen den Auftrag, alles, was mit Kindern zu tun habe, mitzunehmen. Sie sollten die Räume durchsuchen, Akten, PCs, Laptops, Handys und Smartphones einpacken und detaillierte Fotos von allen Räumen machen. Durchsuchung der Räume, Kontrolle von Akten, Listen der Telefonanrufe und E-Mails. Das sei jetzt nur eine oberflächliche Durchsicht. Bis ein Uhr habe man Zeit. Sie selbst würde Schneider verhören.
Der kam wutschnaubend halbangezogen zu Altschäffel und beschwerte sich mit rotem Kopf, dass man ihn nicht telefonieren lasse. Das sei widerrechtlich.
Er könne jederzeit in ihrer Anwesenheit anrufen, gestand ihm Altschäffel zu.
Sein Anwalt, Dr. jur., Dr. oec. Plautus Villred lasse schön grüßen. Er sei auf dem Weg nach Brüssel, sein Stellvertreter sei in Quarantäne. Andere aus dieser Kanzlei wolle er nicht. Der Bundestagsabgeordnete Herbert Humbler säße heute in einem Untersuchungsausschuss für die Verstrickungen eines Abgeordneten in die Verbreitung jugendgefährdender Schriften. Endlich hatte er Erfolg: Der Staatssekretär aus dem Familienministerium würde in kürzester Zeit kommen. Herr Boris Bleiber sei auch Anwalt.
Es sei schade, dass er von ihr verdächtigt werde, es wäre schön gewesen, wenn sie sein Angebot einer lukrativen Stelle angenommen hätte, beklagte sich Schneider bei Altschäffel. Er sei

völlig unschuldig in Verdacht geraten, wie sie ja gleich erfahren würde.
Altschäffel stellte zuerst einfache Fragen nach Familienstand, Beruf usw.
Der erste Wutanfall schien vorüber zu sein. Schneider wurde sogar ganz umgänglich und höflich. Bei der Aufklärung des Falles werde er als treuer Staatsbürger natürlich rückhaltlos mitwirken. Auf die Frage, wo er gestern Abend gewesen sei, sagte er aus, er habe den ganzen Abend allein im Haus verbracht. Zeugen könne er, außer seinem Hund, keine benennen. Was er getan habe? Er habe Buch über den Untergang des Römischen Reichs gelesen.
„Das von Gibbon?“
„Weiß ich nicht. Ich merke mir die Autoren nicht, es gibt Wichtigeres.“
„Zum Beispiel, wo Sie letzten Mittwoch um neunzehn Uhr waren und was sie gemacht haben.“
Wo das gewesen sei, wollte Schneider wissen.
„Einer der Betroffenen sagte aus, Sie seien mit Pfarrer Reinemacher nackt durch ein Haus gegangen und hätten die Kinder beim Spielen mit Film- und Fotokameras aufgenommen.“
„Ich weiß nichts von einem entführten Jungen! Sind sie wahnsinnig? Sie haben aber auch nicht ein Gramm Anstand, mir, einem steuerzahlenden, mit dem Bundesverdienstkreuz ausgezeichneten Bürger so etwas zu unterstellen.“
„Mir liegt die Aussage des Hausmeisters vor, dass Sie das Haus um 18.30 Uhr verlassen hätten und um 22 Uhr zurückgekommen seien. Wo waren Sie in der Zwischenzeit?“
Es klopfte und nach der Aufforderung hereinzukommen, erschien der Staatssekretär und stellte sich vor: „Boris Bleiber, Staatssekretär. Na, was soll unser Schneiderchen verbrochen haben?“
„Diese Dame hier behauptet, ich hätte ein Kind entführt. Stell dir das vor.“

„Das ist wirklich unvorstellbar."
„Es ist auch nicht ganz richtig, Herr Bleiber. Ein entführtes Kind hat ausgesagt, dass es Herrn Schneider und den Pastor Reinemacher nackt durch ein Haus habe laufen sehen."
Ein Polizist erschien mit einem Paket der künstlerischen Kinderakte und gab sie Altschäffel.
„Wo haben Sie sie gefunden?", fragte Altschäffel.
„Im Schlafzimmer hat ein Schrank einen doppelten Boden."
„Bravo, suchen Sie bitte so weiter!" Altschäffel reichte die Bilder dem Staatssekretär. Der schaute etwas verwundert die Bilder an. „Auf einigen kann man ja nackte Kinder sehen."
„Das ist Kunst, wenn man so etwas hier nicht zeigen darf, sind wir auf dem Weg der Diktatur. In diesen Bildern zeigt sich der Körper jedes Menschen, auch Kinder sind Menschen, in seiner Ursprünglichkeit. Durch die Art der Fotografie erscheint die Seele, wie sie wirklich ist. Damit dringen wir in das Wesen der Menschheit ein, das in der ‚Schönen Form' beheimatet ist. Wer diese Art der Kunst pflegt, ist auf einem guten Weg zur ewigen Glückseligkeit."
„Sigurd, ich würde dir raten, solche Sätze nicht zu veröffentlichen", meinte der Staatssekretär mit belegter Stimme.
Altschäffel fingerte eine Fotografie aus dem Umschlag heraus und gab sie Schneider. Herr Schneider, wer ist auf diesem Bild zu sehen?"
„Da ist nichts zu erkennen. Diese hauchdünne Linie zerteilt das Bild. Das ist ein abstraktes Bild, das die Dissoziation der modernen Welt zeigt."
„Herr Schneider: Wer ist auf dem Bild zu sehen?"
„Ich sehe nichts. Eine abstrakte Fotografie ist das."
Der Staatssekretär nahm Schneider das Foto ab und meinte, da sei tatsächlich schwer etwas zu erkennen. Dann zögerte er, schaute genauer hin, blickte zu Altschäffel. „Ist das der Unterleib eines Jungen?"
Es sei noch schlimmer, war ihre Antwort. Sie zeigte auf eine Stelle oberhalb des Geschlechtsteils. Das sei ein Muttermal,

das bei Tobias Berger zu sehen war.
Stirnrunzelnd fragte der Staatssekretär, woher sie das so schnell habe wissen können. Sie erklärte, dass bei einem Autounfall eine Kopie der Serie gefunden worden sei. Wer der Fahrer gewesen sei, sei noch nicht ermittelt worden. Es bestünde der Verdacht, dass Reinemacher weitergefahren sei und Bilder und Auto irgendwo versteckt habe, aus guten Gründen."
„Das alles ist mir untergeschoben worden", schrie Schneider.
Ein Polizist, der von Altschäffel informiert worden war, wo der von Sammler angegebene Raum zu finden sei, kam herein und zwinkerte Altschäffel zu. „Können Sie mit mir kommen, ich muss Ihnen etwas zeigen." Er führte die kleine Gruppe durch das Schwimmbad zur Kabine des Bademeisters, öffnete die Geheimtür zu einem Raum von etwa acht Quadratmetern. In verschieden hohen Stapeln standen Hefte wie „Jung und frei", „Frische Schönheit", „Männerliebe" und andere. Gleiches boten bei der Tür drei Büchertürme: Sigurd S.: „Jung und schön – leben und lieben in der Natur", „In Männergesellschaft – gesundes Wachstum für Jungen", „Knabenliebe: das Wahre, das Schöne, das Gute – ein Erziehungsroman aus dem alten Griechenland". Computerspiele, alte Erotik-Fotos, Bücher.
Der Staatsekretär nahm einige der Hefte zur Hand, blätterte sie durch und öffnete auch eines der Bücher. Er wandte sich an Altschäffel. „Sehr gute Arbeit, Frau Kriminalkommissarin" und ging.
Kollegen aus der Zentrale holten Schneider ab und fuhren mit ihm zurück. Dieser verabschiedete sich lachend von Altschäffel: „In drei Tagen bin ich wieder frei."

Die Pressekonferenz

Zwei Stunden vor dem Termin erschien Altschäffels Chef, Kriminaldirektor Gesslar Obereiner, in ihrem Büro. Er machte ihr eindringlich klar, dass heute für ihre weitere Karriere die Weichen gestellt würden. Dann sprachen sie einige Punkte für die Pressekonferenz durch.
In einem nahe gelegenen Café, wo sie Weißwürste und eine Breze aßen und alkoholfreies Weißbier tranken, berichtete Obereiner von seinen Schwierigkeiten im Ministerium. Man sehe die Ein-Personen-Abteilung Aufeld skeptisch. Man müsse sparen und effizient sein. Da Wahlkampf sei, könne der Minister keine Schwierigkeiten brauchen. Strikter Befehl: „Ich will den Täter haben!"
Um zehn Minuten vor zwei Uhr betraten Altschäffel und Obereiner den Raum für die Pressekonferenz, der schon mit zwanzig Pressevertretern gefüllt war. Pünktlich um zwei Uhr begrüßte Obereiner die Anwesenden, nur vom Auftritt von Reger unterbrochen, der in der ersten Reihe Platz nahm.
Obereiner dankte für die Erlaubnis des stellvertretenden Bürgermeisters zur Nutzung des Raums: „Bevor Fragen gestellt werden können, wird Frau Altschäffel ihre Sicht auf den Stand der Untersuchung darlegen. Bitte, Frau Altschäffel."
„Vielen Dank, Herr Kriminaldirektor. Ich bin in dem Fall schon sehr weit gekommen."
Reger prustete los.
„... das zu akzeptieren besitzen manche nicht genügend Verstand." Diese Bemerkung ließ die auswärtige Presse aufhorchen. Handelte es sich hier um eine private Angelegenheit?
„Vor nicht ganz zwei Wochen starb Tobias Berger wegen ei-

ner Überdosis injizierter K.-o.-Tropfen. Diese sind leicht zu besorgen. Ein Hinweis auf den oder die Täter oder Täterin könnte eine Anstecknadel sein, die einen Drachen darstellt. In der nordischen Mythologie hat der Zwerg Fafnir durch Morde Schätze angehäuft und sie als Drache bewacht. Fafnir bedeutet übersetzt ‚der Umarmer'.

Meine Recherchen haben ergeben, dass die Anstecknadel mit dem Drachen das Logo einer Fotogruppe ist, die künstlerische Aktfotografie als Schwerpunkt hat."

„Wie sehen denn künstlerische Aktfotografien aus?", fragte ein Journalist. „Sie sind so bearbeitet, das vom realen Körper nur bestimmte Formen betont, andere vernachlässigt werden." Die Journalisten verlangten ein Beispiel.

Obereiner mischte sich ein: „Sie können von uns nicht verlangen, Kinderpornografie zu verbreiten."

„Es handelt sich vor allem um Kinder von acht bis vierzehn", ergänzte Altschäffel. Unter diesen Fotografien seien auch Kinder aus Aufelder Familien. Auch von Tobias Berger. Und Fotografen aus Aufeld seien auch darunter.

„Heute Vormittag", fuhr Altschäffel fort, „haben wir eine Hausdurchsuchung durchgeführt und nicht nur ‚künstlerische Akte' gefunden, sondern zahlreiches primitives Kinderpornomaterial. Herr Sigurd Schneider, der Direktor der Freia-Bank, ist wegen des Verdachts auf Herstellung und Verbreitung von Kinderpornografie heute Vormittag verhaftet worden.

Der eigentliche Organisator ist Pfarrer Reinemacher."

Ein Raunen ging durch die Reihen. Über die Schulung von Ministranten habe er die Opfer ausgewählt und „beschafft". Unter Vorspiegelung religiöser Rituale habe er die Kinder dazu gebracht mitzumachen. „Einzelheiten erspare ich Ihnen und mir.

Nun kommt ein zweiter Fall hinzu. Der Bürgermeister Berger hatte sich ein überteuertes Haus bauen lassen und hatte zu hohe Schulden. Anfangs zweigte er kleinere Beträge von der Stadtkasse ab, durch falsche Reisekostenerklärungen usw. Später unterstützte er Anträge und Kostenvoranschläge gegen eine ‚Gebühr' von fünf Prozent. Aber es reichte nicht, auch weil er seinen luxuriösen Lebensstil beibehielt. Er fand aus der Schuldenfalle nicht heraus. So schloss er sich einem Glücksspielzirkel an, bei dem er schließlich das Haus an Schneider verspielte. Um seinen Widerstand gegen die Übergabe des Hauses zu brechen, ließ die Gruppe seinen Sohn entführen und machte Nacktaufnahmen von ihm."

Folgende Informationen müssten noch beschafft werden. Wo ist Pfarrer Reinemacher? Wo sind die Handlanger Adi und Paddy? Welche Kinder und Familien sind davon betroffen?

Da Berger das Haus Schneider nicht habe überschreiben lassen, sei Tobias entführt worden. Was dann geschehen sei, wisse wohl Pfarrer Reinemacher.

„So weit meine Informationen. Haben sie Fragen?"

„Was sagt das Bischöfliche Ordinariat dazu?"

„Sie müssten dort direkt fragen."

„Der Bürgermeister Berger habe immer wieder eine Person als möglichen Mörder angesehen", lautete eine weitere Frage aus dem Plenum.

„Diese Vermutung war falsch. Wir haben auch genügend Verdächtige."

„Es war doch auch von einem Autounfall die Rede."

Obwohl der Unfall die Sache ins Rollen gebracht hat, wisse man nicht viel darüber. Wagen und Bilder seien verschwunden. Eine Ausstellung in Brünn sei nie geplant gewesen und einen Pfarrer Reinemacher kenne der Ausstellungskurator nicht.

Obereiner stand auf und bedankte sich bei den Journalisten für das Kommen.

Er lobte seine Mitarbeiterin in höchsten Tönen, verabschiedete sich aber sehr schnell. Er brannte darauf, in die Zentrale zu kommen, wo er dem Minister berichten konnte, wie er-

folgreich seine Abteilung gearbeitet habe.
Aus dem Auto heraus rief er Altschäffel zu:
„Diese Pressekonferenz wird positive Folgen für Sie haben."
Die Heldin des Tages ging in ihr Büro, um die Ergebnisse in Dokumente und Berichte zu fassen, damit alles in die rechte Ordnung komme. Nach mehreren Stunden ging sie erschöpft nach Hause.
„Mach es dir bequem", empfing sie Babette. Mit einem Seufzer der Erleichterung sank Altschäffel auf das Sofa und schlief ein.
Nach zwei Stunden wachte sie auf. Babette hatte eine Wurst- und Käseplatte gemacht, Brot und Brötchen, dazu Sekt.
„Prost auf deinen Erfolg."
Während sie bequem auf dem Sofa ihr spätes Abendbrot mit Sekt genossen, erzählte Altschäffel nochmals den Ablauf des Tages. Sie versicherten sich gegenseitig, dass die letzten Tage ihre Freundschaft vertieft habe. Sie würden am liebsten zusammen nach dem Ende des Falls etwas total Neues anfangen: „Wer weiß, was noch kommt. Obereiner hat da etwas angedeutet."
„Was? Wirst du befördert?" Babette war hellhörig geworden.
„Nein, nur eine vage Andeutung. Er hat gesagt, dass der Tag für mich Folgen haben werde."
Babette: „Auf in die Welt!"
Altschäffel: „Auf ins Bett."

Endungen

Lily und Sammler, der seit dem achten Juni bei ihr Asyl gefunden hatte, hatten Reinemachers Tätigkeit bis zu seiner Flucht, so gut es ging, verfolgt, ohne dass Sammler in Gefahr kam, entdeckt zu werden. Lily hatte oft beobachtet, wie „zärtlich" Reinemacher den Kindern, denen er begegnete, durch die Haare fuhr und, so oft es ging, sie körperlich berührte. Geradezu penetrant nach ihrem Geschmack.
Da Lily tagsüber durch die Stadt ging und sie säuberte, beobachtete sie, wie er mit zwei Männern, die „verwegen" aussahen, ein größeres Paket gegen einen Briefumschlag tauschte. Mehrmals gab er Päckchen bei der Post auf. Dreimal sah sie ihn einen Besuch bei der jungen Witwe Maria Bucher und ihrem neun Jahre alten Sohn Erwin machen.
Eines Tages fand Lily die Friedhofskapelle unverschlossen vor. Sie ging hinein. Reinemacher war bei einer Beerdigung mit den Gebeten am Grab beschäftigt. Der Raum war leer, bis auf die voluminöse Amtstasche. Lily öffnete sie. Nach einigem Wühlen holte sie einen Briefumschlag mit Fotos aus den Tasche. Auf der Banderole, die sie zusammenhielt, stand: Serie „Tanz der Jugend", zehn Folgen. In einem Waschraum mit angestellten Duschen posierten Einzelne, Paare oder Gruppen, die meisten aus Aufeld. Lily kannte sie fast alle, auch Tobias war dabei. Statt Altschäffel sofort zu benachrichtigen, wollten Lily und Sammler mehr Beweise für die verbrecherische Tätigkeit von Reinemacher zusammentragen.
Am Dienstag, dem 22. Juni, einem Tag mit Hitzerekord, beobachteten sie, dass Reinemacher mit einem Lieferwagen

vorfuhr. Und schnell im Haus verschwand. Mutter und Sohn packten den Wagen voll. Reinemacher ließ sich nicht blicken.

Lily und Sammler ahnten, dass etwas passieren würde. Vielleicht flohen sie. Sie verordneten sich eine Rundumbeobachtung.

Um elf Uhr nachts verließen Reinemacher, Maria und Erwin das Haus und fuhren zum Friedhof. Aus weiser Voraussicht hatte Sammler ein Fahrrad dabei, sodass er ihnen folgen konnte, bis sie auf dem leeren Friedhofsparkplatz das Auto abstellten und zur Kapelle gingen. Sammler war ihnen nachgeschlichen und hatte Lily per Handy informiert. Sie wollte sogleich losgehen.

Reinemacher hatte bei der Kapelle gehalten, seinen Schlüssel hervorgeholt und aufgesperrt. Ein Notlicht beleuchtete den Raum.

Lily war mittlerweile auch angekommen. Sie und Sammler lauschten beim Komposthaufen für die Grabbepflanzungen den Befehlen Reinemachers. Sein überlautes Organ störte die Totenruhe. "Zieh dich aus! Hier, dein Feigenblatt!" Er warf dem Jungen ein fleischfarbenes Trikothöschen mit einem Feigenblatt zu, das den Unterleib bedeckte. Während sich der Junge umzog, packte Reinemacher seine Foto-Utensilien aus.

"Stell dich neben den offenen Sarg! Nicht lächeln!", kommandierte der Pfarrer. Lily und Sammler beobachteten durch ein schmales Lüftungsfenster die Vorgänge im Inneren der Kapelle. Reinemacher befahl dem Jungen: "Geh hinter den Sarg und breite die Arme aus, als wärst du die Seele des Toten, die in den Himmel fährt."

Nach weiteren Positionen mit Erwin allein zog die Mutter ein fleischfarbenes Trikot mit Feigenblatt und Blätterranken an, die die Schamteile bedeckten.

Reinemacher knipste wild drauf los. Er jagte die beiden Halbnackten durch den Friedhof und redete ununterbrochen. Dabei erzählte er immer wieder, dass diese Bilder eine erfolgreiche Serie werden würden, denn sie vermittelten den Schrecken des Todes wie auch die Lust am Leben in erschütternder Weise. Er sei der Erfinder der „Philosophischen Fotografie“. Nach einer halben Stunde froren die Halbnackten, trotz der lauwarmen Sommernacht. Sie zogen sich an und gingen zum Auto. Reinemacher schlug den Weg zum Pfarrhaus ein.

Lily und Sammler diskutierten, was sie machen sollten.

Sie beschlossen, Altschäffel anzurufen. Dreimal wählte Sammler die Nummer: „Sie nimmt nicht ab.“ Auch Lily kam nicht durch. „Dann gehen wir zum Pfarramt und schauen, was Reinemacher dort tut“.

„Ich glaube, dass er Dokumente, die noch dort sind, mitnehmen will. Wichtige Beweisstücke! Er darf uns auf keinen Fall entwischen“, äußerte sich Lily. „Das darf nicht sein!“

Sie schlugen den Weg in Richtung des Pfarrhauses ein. Dort angelangt bemerkten sie Licht im Gebäude, das sich durch die Räume bewegte. „Er ist da. Er traut sich nicht das Licht anzuschalten, damit ihn niemand sieht“, flüsterte Sammler. „Ich gehe zum Vordereingang, verstecke mich hinter einer der Säulen und fange ihn ab, wenn er verschwinden will.“

„Ich nehme die andere Seite. Wir müssen seine Flucht verhindern.“ konstatierte Lily und forderte: „Immer wieder Altschäffel anrufen.“

Lily ging zum hinteren Teil der Villa, um zu sehen, ob Reinemacher einen anderen Fluchtweg nehmen könnte als über den Vorbau. Sammler rief von seinem Versteck aus Altschäffel an, erreichte sie aber nicht. Nach fünfzehn Minuten wurde er unruhig. War Lily etwas passiert? Ausgerutscht und einen Fuß gebrochen? Er umrundete das Pfarramt, keine Spur von Lily. Als er wieder bei dem Treppenaufgang angekommen war, rief er nochmal Altschäffel an. Diesmal mit Erfolg. Er schilderte ihr dringlich die Situation. Lily sei in Gefahr. Altschäffel versprach, möglichst schnell zu kommen. Da ertönten aus der Eingangshalle Schreie. Lilys Stimme vi-

brierte vor Wut und übertönte das Gebrüll von Reinemacher.
Sammler hastete die Außentreppen hoch und warf sich mit aller Kraft gegen die mächtige Eingangstür. Erfolglos. Dann ein fürchterlicher Schrei, ein tierisches Brüllen, ein Poltern, dann tiefe Stille.
Sammler schrie: „Lily! Lily!“
Es musste ihr etwas passiert sein. Er nahm einen längeren Anlauf und warf sich mit der Kraft der Verzweiflung gegen die Tür. Sie gab ein wenig nach. Mit zwei weiteren Kraftakten verschaffte er sich den Zugang zum Pfarramt.
Er sah am unteren Ende der Steintreppe Reinemacher inmitten einer größer werdenden Blutlache liegen. Sammler näherte sich dem regungslos Daliegenden. Aus dem geöffneten Koffer hatten sich Kinderpornohefte über ihn ergossen.
Am anderen Ende der Treppe saß Lily auf der obersten Stufe und starrte die Treppe hinunter.
Sammler blieb stehen und suchte den Blick Lilys. Aber Lily fixierte einen Punkt auf der Treppe. Altschäffel stürzte herein und rief: „Wo ist Lily?“ Sie überblickte die Situation und gab Sammler und den eintretenden Kollegen ein Zeichen, sich ruhig zu verhalten. Sie selbst rief einen Notarzt, obwohl sie festgestellt hatte, dass Reinemacher tot war. Aber formal korrekt musste ein Arzt den Tod erklären. Das überließ sie dem Notarzt.
Dann ging sie verhaltenen Schritts die Treppe hinauf und setzte sich neben Lily.
Sie schwiegen eine lange Zeit. Dann brach die Kommissarin das Schweigen.
„Haben Sie mir etwas zu sagen?“
„Die Situation spricht für sich selbst“, antwortete Lily.
„Die Sprache von Bildern ist nicht eindeutig. Wir von der Kripo lieben die Eindeutigkeit. Wir brauchen Handfestes, nicht nur Überlegungen.“
„Das hier ist Handfestes. Wenn man ein Händchen dafür

hat."
„Wie ist es passiert? Ich brauche etwas für den Bericht."
Lily diktierte: „Schreiben Sie: ‚Beim offenkundigen Fluchtversuch wurde der Pfarrer Reinemacher beim Hinabsteigen der Treppen durch seinen schweren Koffer so aus dem Gleichgewicht gebracht, dass er hinunterrutschte und mit dem Kopf mehrmals auf den Steinboden aufschlug. Der Geistliche war sofort tot. Der alarmierte Doktor Gränkel stellte den Exitus durch einen Schädelbruch fest. Die Polizei konfiszierte die vorgefundene Menge kinderpornografischer Medien."
Sammler war nach oben gekommen, nahm Lily bei der Hand und sagte: „Komm, Lily, wir gehen."
Altschäffel hielt sich zurück. Sie hätte Lily befragen müssen. Sie würde Lily morgen besuchen.
Sie waren drei Stufen hinabgestiegen, als Sammler stehen blieb, sich Altschäffel zuwendete und sagte: „Sie waren sehr anständig zu mir. Ich habe mich in meinen Kreisen etwas umgehört. Hier", er zog einige Zettel aus der Hosentasche, „meine Notizen, die Ihnen viel Arbeit ersparen werden. Nur kurz: Reinemacher heißt in Wirklichkeit Wilfried Zimmermann. Er ist kein echter Priester, sondern ein erfolgreicher Hochstapler und Gründer des Vereins „Freunde der Schönheit und Wahrheit e. V.", der Liebhaber erotischer und pornografischer Darstellungen um sich herum gesammelt hatte. Sie produzieren Fotografien, Filme und Computerspiele für den Sexmarkt und verkaufen sie im Onlineshop. Übrigens, sein Lebenslauf und die Dokumente für das Bischöfliche Ordinariat sind beste Qualitätsarbeit eines Freundes von mir."
„Komm, Lily, wir gehen", sanft führte Sammler sie die Treppenstufen hinunter. Ein Polizist fuhr sie nach Hause.
Alle Routineaufgaben am Tatort waren erfüllt.
Nach einem kurzen, aber erholsamen Tiefschlaf beschäftigte sich Altschäffel mit Schreiben von Berichten, dem Ausfüllen von Formularen und dem Führen von Telefongesprächen.

Babette hatte beim Italiener für abends einen Tisch bestellt.
Als Altschäffel und Babette am Abend das Lokal betraten, klatschen sogar einige Leute Beifall.
Die beiden Freundinnen bestellten in schönster Einheitlichkeit die Pizza Diabolo und einen sizilianischen Rotwein.
„Mir ist, als endete mit diesem Fall ein Lebensabschnitt und ein neuer würde beginnen, wenigstens, was dich betrifft", meinte Babette.
„Deine Annahme trügt dich nicht. Für mich beginnt ein neuer Lebensabschnitt. Die Belohnung für den Misserfolg. Prost!"
„Was meinst du damit?"
„Obereiner hat mir mitgeteilt, dass ich ab morgen Urlaub nehmen müsse. Den Fall übernimmt irgendein Kollege aus der Zentrale."
„Du hattest mir doch erzählt, dass Obereiner dir positive Folgen angekündigt hatte."
„Die Beförderung? Die bekommt vielleicht mein Nachfolger. Mir wurde durch Obereiner nur mitgeteilt, dass ich in Berlin eine Stelle als Kommissarin im Hochschuldienst bekommen kann. Ich soll dort Praxis und Theorie verbinden. Außerdem erwarte man von mir eine Doktorarbeit über „Kinder als Opfer – ihre Leiden, ihre Hoffnung, ihre Heilung". Nach vier Jahren soll ich wieder zurück in die Praxis."
„Wenn du hier in der Praxis bleiben willst?"
„Versetzung nach Soley."
„Das ist doch hundertachtzig Kilometer weg von Aufeld!"
„Ja."
„Wie entscheidest du dich?"
„Das hängt von dir ab."
„Von mir? Du bist lustig."
„Ein Onkel von mir hat ein Friseurgeschäft in Berlin. Er ist zweiundsiebzig Jahre alt."
Babette sagte nichts.
„Er will aufhören. Das Geschäft soll jemand übernehmen."

Babette schwieg.
„Ich habe ihn gefragt, ob du es machen könntest. Er hätte nichts dagegen. Komm bitte mit. Bitte! Dein hiesiger Chef kommt ja jetzt zurück. In Berlin bist du deine eigene Herrin."
Nach längerem Hin und Her entschlossen sich beide, das nächste Wochenende in Berlin zu verbringen, um sich das Geschäft anzusehen.
Der Abend endete mit einer herzlichen Umarmung.
Nach zwei Monaten bezogen beide eine Alt-Berliner-Dreizimmerwohnung in Charlottenburg.
Babettes Friseurladen lag in Ku-Damm-Nähe und war ein beliebter Treffpunkt der Reichen und Schönen. Sofort fühlte sie sich mit ihrem Unternehmungsgeist und ihrer Lebenslust dort zu Hause.
Altschäffel bereitete sich auf die Universitätsstelle vor und nahm Abschied von der Stadt, in der sie seit ihrer Geburt gelebt hatte. Sie freute sich, Aufeld zu verlassen. Aber ein schales Gefühl hatte sie doch. War ihr Versagen, wenn es denn eines gewesen sein sollte, so groß, dass man sie bestrafte? Wer wollte das? Sicher, das Angebot war interessant. Aber es blieb ihr das unerklärbare Gefühl, versagt zu haben.

Via
Via del Pigneto
T.T.22

Ein paar Monte später gratulierte Altschäffel Obereiner telefonisch zur Pensionierung. Dabei erfuhr sie, dass Herr Leiderer sich von seiner Frau getrennt hat. Sie sei in einen weltlichen Orden eingetreten. Ihr Mann ist aus der Kirche ausgetreten und hat die Scheidung eingereicht. Als Ältester hilft Sven dem Vater, die Mutter zu ersetzen. Wie sehr ihn die ganze Sache belastet, kann man (noch) nicht sagen.

Berger war zu vier Jahren Gefängnis verurteilt worden. Seine Frau begrüßte in der Klinik Eichental jeden, der in ihr Zimmer kam mit: „Tobias ist nach Hause gekommen."

Schneider lebt gegen Kaution auf freiem Fuß und verzögert den Prozess, so gut, wie er nur kann: „Je länger es dauert, umso geringer wird das Interesse daran. Die Strafe wird dann weniger", so seine Philosophie. Adi und Paddy sind rechtzeitig in ihre Heimatländer zurückgekehrt und verdienen jetzt als Söldner einer Privatfirma ihren Lebensunterhalt und scheinen guter Dinge zu sein. „Viel Geld, viel Spaß. Deutschland gut, nix Knast." Die Suche von Interpol blieb bisher ergebnislos.

Das Unfallopfer Brenneisen wachte erst im August aus dem Koma auf. Lange war er nicht vernehmungsfähig. Dann aber gab er zu Protokoll, dass es auf der Fahrt zu einem Großkunden für kinderpornographisches Material zum Streit mit Reinemacher über die Gewinnanteile gegeben habe. Dabei sei es zu Rangeleien gekommen und Reinemacher habe die Gewalt über das Auto verloren. Es prallte gegen einen Baum. Bei dem Aufprall wurde Brenneisen aus dem Auto geschleudert. Der Nachfolger von Altschäffel habe herausbekommen, dass Reinemacher mit dem beschädigten Auto weitergefahren sei und es in einen Lieferwagen umgetauscht habe.

Die Lily und Sammler hatten sich aneinander gewöhnt und führten eine Wochenendehe. „Mal bei mir, dann bei ihr. So immer zusammen, dazu sind wir zu alt."

Der Tod von Tobias ist ein Unfall gewesen. Die Entführung sollte den Druck auf Berger erhöhen, seine Schulden zu zahlen. Tobias habe sich gewehrt, da habe Reinemacher eine Überdosis K.-o.-Tropfen gespritzt .

Für Aufeld hat sich etwas Grundlegendes verändert: Die spinnerte Lily säubert nicht mehr die Straßen der Stadt, sondern fährt mit ihrem Wagen jeden Tag von 10 bis 11 Uhr und von 16 bis 17 Uhr mit einem Plakat durch die Straßen auf dem steht: „Fafnir lebt!“

Würden die Aufelder ihn bekämpfen, so lebte man hier fast wie im Paradies.

Postskriptum:

Am Abend nach dem Gespräch mit Obereiner erzählte Altschäffel Babette davon:

„Ich fragte ihn, warum ich so schäbig behandelt wurde. Er sagte nur ein Wort: Schneider.

Am Schluss des Gesprächs fragte Obereiner: ‚Einen Zettel konnten wir nicht verstehen. Erinnern Sie sich: 20x TB SS? Wissen Sie, was das bedeutet?‘ Ich sagte: ‚Nein. Alles Gute.‘“

„Und, weißt du es wirklich nicht?“

„Es ist ganz einfach: Zwanzig Bilder von Tobias Berger bestellt von Sigurd Schneider, so einfach ist es.“

Fragen

Wer befahl,

Kinder

Auf einem Opferaltar
Zu verbrennen,
Um die Wut eines Gottes
Auf die
Menschheit
Zu besänftigen?

Wer schickte

Kinder

Als Sprengmeister
In enge Stollen
Mit vergifteter Luft,
Um das
Gewonnene Gold
Schnell um den Hals
Einer Dame
Zu legen?

Wer hieß

Kindern

Sport treiben
Damit sie künftig
Gut vorbereitet
Als Soldaten
Mit Gott
Für Kaiser und Vaterland
Ihr Leben opfern?

Wer ermutigte Eltern dazu,

Kinder

Durch höchste
Zielsetzungen
Zu hervorragenden
Leistungen
Mit Hilfe eines
Psychologen
Zu führen?

Wer erfand Ideale für

Kinder,

Die aus ihnen willfährige
Gehilfen für die
Bedürfnisbefriedigung von
Erwachsenen
Machten?